Etiqueta na Prática

Livros da autora publicados pela **L**&**PM** EDITORES

100 receitas de sobremesas (**L**&**PM** POCKET)
Boas maneiras à mesa (**L**&**PM** POCKET)
Boas maneiras & sucesso nos negócios (**L**&**PM** POCKET)
Casamento & etiqueta
Etiqueta na prática (**L**&**PM** POCKET)
Etiqueta na prática para crianças
Etiqueta século XXI
Fernando Gomes – um mestre no século XIX
Manual de sobrevivência do anfitrião inexperiente
Receitas de Yayá Ribeiro (**L**&**PM** POCKET)

Celia Ribeiro

Etiqueta na Prática

www.lpm.com.br

L&PM POCKET

Coleção **L**&**PM** POCKET, vol. 226

Este livro foi lançado pela L&PM Editores, em 1991, em formato 14 x 21 cm.
Primeira edição na Coleção **L**&**PM** POCKET: maio 2001
Esta reimpressão: junho de 2011

Capa: Ivan Pinheiro Machado sobre obra de Juan Gris, *O violino diante da janela aberta* (1926).
Ilustrações: Biggi Meyer
Revisão do original: Rosa Suzana Ferreira

ISBN 978-85-254-1095-5

R484e   Ribeiro, Celia
          Etiqueta na prática: um guia moderno de boas
       maneiras / Celia Ribeiro. – Porto Alegre: L&PM, 2011.
         216 p. ; 18 cm – (Coleção L&PM POCKET)

         1. Etiqueta. I. Título. II. Série.

                       CDD 395
                       CDU 395

       Catalogação elaborada por Izabel A. Merlo CRB 10/329

© Celia Ribeiro, 2001

Todos os direitos desta edição reservados a L&PM Editores
Rua Comendador Coruja, 314, loja 9 – Floresta – 90220-180
Porto Alegre – RS – Brasil / Fone: 51.3225.5777 – Fax: 51.3221.5380

Pedidos & Depto. comercial: vendas@lpm.com.br
Fale conosco: info@lpm.com.br
www.lpm.com.br

Impresso no Brasil
Outono de 2011

Sumário

Primeiras palavras da Autora/ 9
I. Comunicação verbal e escrita/ 13
II. A mesa/ 55
III. Festas/ 109
IV. Fora de casa/ 167
Bibliografia/ 196
Índice analítico/ 198
Índice / 202

*À memória de meu irmão
Roberto Pinto Ribeiro
que me apontou o caminho
para a realização pessoal*

Agradecimentos a Ala Finkelstein, Antonio Carlos Malater Gomes, Aristides Germani Filho, Eunice Jacques, Geraldo Castelli, Martha Fortuna, Rui Spohr, Shirlon Coutinho e Tania Carvalhal, prestigiados profissionais, por sua contribuição a este livro.

A Autora

Primeiras palavras da Autora

Menos formalismos e mais cortesia é a filosofia que rege o convívio das pessoas numa época em que há pouco tempo para despender com gestos que não constituam, por si mesmos, a essência de uma relação. A tecnologia e o avanço dos meios de comunicação tornaram ultrapassadas as cartas, mas nem por isso se deixa de enviar um cartão de felicitações ou agradecer uma gentileza recebida. Numa sociedade competitiva como a nossa, ser bem-educado é predicado cada vez mais valorizado, o que explica o renovado interesse pela etiqueta. O conhecimento das regras básicas do *savoir faire*, estabelecendo o equilíbrio entre tradição e bom senso diante dos estímulos de uma nova sociedade, é necessário para mulheres e homens que buscam o sucesso em sua vida privada, social e profissional.

O final do século 20, numa revisão de comportamento, trouxe ao indivíduo uma conscientização de suas relações com os diferentes grupos com quem convive. O excessivo individualismo dos anos 70 deu margem a uma maior compreensão dos limites da liberdade de cada um face ao bem-estar do próximo. A ascensão da mulher na sociedade competitiva como força de pensamento e trabalho, seu convívio profissional com o homem, contribuiu para o equilíbrio. Ele se tornou mais cortês, e ela mais objetiva.

Quem alimenta sua auto-estima sabe que precisa não só cuidar do visual como ter maneiras condizentes com as diferentes circunstâncias, quer no convívio social como profissional. Ser agradável sem cair no esnobismo – para o escritor Marcel Proust, esnobe é a pessoa que, sem as condições de outra, a imita com afetação – é um dos requisitos para o sucesso. O comportamento social é um constante exercício de psicologia. Somos todos vaidosos, gostamos de ser ouvidos com atenção e lembrados em nossas preferências. Alimentar isso exige a sensibilidade, que é um dom, observada em muitas pessoas, independente de sua condição sócio-econômica, mas que pode ser aguçada pelo aprendizado.

Comportamento se muda e o conhecimento da etiqueta muito ajuda, conferindo maior segurança a todos os tipos de pessoas. É um referencial a partir de certas normas formais de acordo com os padrões de uma sociedade. A busca por soluções mais harmoniosas no trato social e o desejo de tornar mais agradável uma mesa de refeições contribuem para embelezar um momento e alegrar a vida. Para isto não é necessário luxo, mas bom-gosto e amor pelo que se faz: mais vale uma reunião aconchegante com pessoas bem-humoradas e de espírito do que uma festa com toda a pompa, mas sem alegria.

Etiqueta na prática é uma proposta mais aberta de boas maneiras, à medida que aponta normas cabíveis a uma mesma situação, adaptando a etiqueta tradicional à vida moderna, com suas regras de cordialidade. Os grandes cardápios constituídos de diversas ceias, cada uma composta de sete pratos, como se pode ler em *Cozinheiro Imperial – Nova arte do cozinheiro e da copeira* (edição Eduardo & Henrique Laemmert lançada no Rio de Janeiro durante o período da corte de D. João VI no Brasil), perderam-se no tempo. Organiza-se, hoje, um jantar de prato único, sem abrir mão de uma série de requisitos, para que a mesa e o serviço estejam perfeitos. Os novos condicionamentos da sociedade, um deles o menor espaço das residências e a ausência tão comum de sala de jantar, geraram fórmulas mais flexíveis no estilo de receber.

É sempre o bom-senso que deve pautar as atitudes coerentes com um código de maneiras racionalizadas em função da vida atual. Meu pensamento tende para o prático sem deixar de ser refinado. Muitos enfeites num vestido podem esconder um corte apurado; gestos estereotipados e cardápios complicados pesam no relacionamento à mesa. A simplicidade no convívio com as pessoas, a cordialidade principalmente com os mais humildes é indício da boa educação. A experiência revela que, em geral, são os indivíduos que desfrutam de uma posição mais elevada na hierarquia social os de trato mais fácil, assumindo hábitos naturais tanto em seu cotidiano quanto em ocasiões de cerimônia.

Dez anos depois de seu lançamento, em 1991, *Etiqueta na Prática* se torna mais acessível no formato de pocket book, continuando a responder as mil dúvidas do "pode ou não pode?" de civilidade e convívio social.

Pequenas modificações foram feitas no texto original e acrescentadas as regras da comunicação por celular e e-mail que passaram a fazer parte do cotidiano da maioria das pessoas.

Com seus conteúdos enriquecidos, especialmente no capítulo da comunicação, *Etiqueta na Prática* em pocket book se torna mais democrático e acessível a todos os bolsos, cumprindo com sua importante função educativa.

Celia Ribeiro

Porto Alegre, março de 2001

I
Comunicação Verbal e Escrita

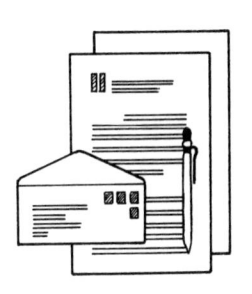

Apresentação

A forma como uma pessoa apresenta seus amigos e conhecidos revela se está ou não habituada ao convívio social. É dever dos anfitriões apresentar os convidados que não se conhecem, facilitando o clima de cordialidade que fará a conversa fluir rapidamente. Esta é uma regra de cortesia que foi simplificada com a evolução dos costumes, tornando-se usual, mas já houve época em que se pedia licença para fazer uma apresentação. Pessoas corteses sabem que, até na rua, há ocasiões que exigem uma apresentação. Quando acompanhadas, se encontram alguém e começam a conversar, devem ter o cuidado de apresentar rapidamente as duas pessoas que não se conheciam. Evita-se, assim, o constrangimento de deixar um amigo sobrando e constrangido.

Precedências

Respeitando a hierarquia, às vezes pelas próprias circunstâncias de momento, é apresentada sempre a pessoa menos importante à mais qualificada. "Dona Isabel, apresento-lhe minha irmã Luciana" ou "Quero apresentar ao senhor, Mario Oliveira...", e depois apresenta o cavalheiro a Mario. Na relação social, a mulher tem prioridade sobre o homem. Assim, o rapaz deve ser apresentado à moça, mas a aluna será apresentada ao professor;

e a senhora, ao cavalheiro muito idoso ou a uma autoridade, tratando-se de uma recepção oficial. Ao apresentar dois jovens, se um deles for de outra cidade ou estiver sendo homenageado na ocasião, esta visita ou pessoa menos íntima, independente de idade e sexo, será a mais importante nas apresentações. Como tal, é ela que estende primeiro a mão e inicia a conversa.

Expressões usuais

"Já se conhecem?" é a pergunta-chave que precede uma apresentação. Ao apresentar algumas pessoas a um indivíduo, o nome desse deve ser dito uma só vez. Isso costuma acontecer em reuniões quando um convidado chega um pouco mais tarde. Há uma forma geral de apresentar: "Você deve conhecer alguns dos nossos amigos..." e vai nominando os mais próximos. No Brasil, caíram em desuso as expressões "Muito prazer", "Igualmente", "Da mesma forma". Diz-se: "Como vai?" ou "Tudo bem?" Não existindo hierarquia, o jeito mais fácil de apresentar duas pessoas é identificando uma a outra, pronunciando seus nomes de forma clara.

Referências

Anfitriões que recebem com desembaraço e *savoir faire* cultivam o hábito de, apresentando convidados, acrescentar sempre alguma informação a respeito de cada um. Pode ser a profissão, a cidade de onde veio, uma viagem recente. São referências que contribuem para que as pessoas mais facilmente iniciem uma conversa. Deve-se, no entanto, evitar grandes elogios, limitando-se a dados pessoais.

Auto-apresentação

Um convidado poderá estar um tanto deslocado no grupo, justamente por não ter havido apresentações. Após uma breve conversa em torno de assuntos circunstanciais com aquele que estiver mais próximo, é tempo de ele se apresentar, cabendo ao outro dizer também quem é, num diálogo informal. A apresentação sem interferência de terceiros acontece muito em viagens. Passageiros sentados lado a lado, depois de conversarem um pouco, acabam se identificando. Neste caso, a pessoa menos importante apresenta-se primeiro: o cavalheiro, à senhora; o jovem, à pessoa mais velha.

Nas relações profissionais, é comum a autoapresentação ao chegar a uma reunião, acrescentando o nome da empresa a que a pessoa pertence. Apresentações são feitas também através de cartão ou por telefone. (Ver CARTÃO DE VISITA.)

Ao esquecer o nome

É fato notório que a memória em relação a nomes próprios é uma grande qualidade para um político, diplomata ou líder conquistar simpatias. Nem todos possuem este predicado que tanta falta faz à hora das apresentações, a memória traindo-os com um "branco". Ninguém gosta, principalmente diante de estranhos, que seu nome seja esquecido. Como contornar isso? Há uma estratégia que, na maioria das vezes, surte efeito ou pelo menos revela boa vontade: "Por favor, podia dizer seu nome todo?" Passa a idéia de que só o nome de família ou o prenome foi esquecido. Se a pessoa ao ser apresentada não for reconhecida, ela não usará desta franqueza: "Já nos conhecemos. Não se lembra mais de mim?" Poupa-se a memória do próximo e ao mesmo tempo se preserva o amor-próprio. Chega a ser grosseria dizer: "Já fomos apresentados várias vezes e você nunca me conhece..."

Individualidade da mulher

Quando se faz a apresentação de um casal é importante dizer o nome da mulher e não simplesmente "Fulano de tal e senhora". Os tempos mudaram, e a mulher, hoje, preserva sua individualidade. Um homem de trato ao apresentar sua esposa dirá "minha mulher"; mas ao referir-se à mulher de outro falará "sua senhora" ou "sua esposa". Quanto às mulheres, ao apresentarem o companheiro, dirão "meu marido" e não "meu esposo". Crianças também devem ser apresentadas, dando-lhes o bom exemplo e valorizando-as como participantes do convívio social. Assim, desde cedo saberão apresentar seus pais aos professores e terão facilidade no trato social com os amiguinhos.

CUMPRIMENTOS

Cumprimentar é um gesto de cortesia entre pessoas que se conhecem e desejam manifestar satisfação ao se encontrarem. A forma de saudar varia com o grau de intimidade. Tanto pode ser uma inclinação da cabeça quanto um aceno ou um aperto de mão. Os beijinhos na face ficam reservados aos íntimos. Um sorriso ou a descontração de "Olá, tudo bem?" são outras expressões de apreço.

Quem cumprimenta primeiro

Numa relação entre duas pessoas em que pode ser estabelecida hierarquia (idade, sexo, posição social ou profissional) é sempre o menos importante que toma a iniciativa de cumprimentar, ainda que ao mais importante caiba estender primeiro a mão, beijar ou parar na rua para conversar. Nessa última situação, o jovem esperará que a senhora que se deteve para conversar com ele se despeça. Não é preciso ter havido uma apresentação para saudar alguém que se conheça apenas de vista. Assim, vizinhos bem-educados cumprimentam-se ao cruzarem num corredor ou no elevador. Há ocasiões em que o cumprimento é o mais discreto possível, como faz, por exemplo, o aluno que chega atrasado à aula. Ele apenas inclina a cabeça olhando para o professor, sem dizer "Bom dia", para não perturbar a classe.

O aperto de mão

Apertar a mão de um conhecido é um gesto simbólico de satisfação. Por isso, causa má impressão alguém dar a mão mole ou só a ponta dos dedos, revelando insegurança, displicência ou pouco caso daquela pessoa. Grosseria é dar um aperto de mão muito forte, comprimindo os dedos do outro, até chegar a machucá-lo. Quanto à postura, ao estender a mão, o braço direito fica dobrado, formando ângulo reto, e a mão esquerda do homem não deve estar no bolso. O braço fica caído ao natural.

Quando levantar

Uma senhora não levanta ao cumprimentar um homem ou outra senhora; mas ele sempre deve levantar, exceto se for de muita idade ou impedido por condição física. Se elas desejam manifestar atenção especial podem, com leve afastamento do corpo na cadeira, fazer apenas menção de levantar.

Tratando-se, no entanto, da anfitriã, estará sempre em pé para cumprimentar um convidado que chega. Uma convidada que ainda não cumprimentou a dona da casa se levanta quando esta se aproximar.

Recepções oficiais

São festas que seguem protocolo, em geral realizadas em palácios de governo, quando a autoridade e sua esposa ficam à entrada recebendo os convidados. Na fila, quem fica à frente da companheira é o homem. Cumprimenta o casal anfitrião e apresenta sua senhora: "Minha mulher, Fulana". Nestas ocasiões, as mulheres evitam o beijo social. Mesmo num chá oferecido por uma primeira-dama, a convidada jamais tomará a iniciativa de oferecer o rosto para beijar.

Sem aperto de mão

Há inúmeras situações em que não se justifica o aperto de mão. Quando alguém está bebendo ou comendo à mesa de almoço ou jantar ou num coquetel, até por questões de higiene não se estende a mão para aquela pessoa. Ao fazer uma visita a um doente a atitude é a mesma. Muita gente fica indecisa ao entrar num consultório médico ou dentário, mas é preferível que o paciente deixe o profissional tomar a iniciativa de estender a mão, sem estranhar se ele não o fizer: pode ter acabado de fazer a assepsia para iniciar o trabalho. Quem chega a uma reunião, com muita gente sentada e os grupos já formados, só vai apertar a mão dos convidados que estão mais próximos ou a quem deseja manifestar deferência. O cumprimento com um sorriso pode ser o suficiente, e tem a vantagem de não interromper as conversas.

A luva

Em países de inverno rigoroso, o uso da luva é natural, pelas próprias condições do clima. Homens bem-educados, antes de apertarem a mão de uma senhora, na rua, tiram a luva da mão direita. Elas não: só quando chegam a um recinto fechado retiram as luvas para os cumprimentos. É conveniente lembrar que um cavalheiro não beija a mão enluvada de uma senhora, na rua ou em recintos públicos. E, mais, não é correto beijar a mão de uma moça solteira. No Brasil, raros são os homens que assumem o beija-mão, porém em viagem podem adotar um costume ainda usual em muitos países.

O beijo social

A forma mais carinhosa de cumprimentar alguém é o beijo na face, que substitui o aperto de mãos. Pessoas bem-educadas sempre tocam no braço da (o) amiga (o) como um gesto de cordialidade. Nos últimos anos, os dois beijos na face, que eram privilégio feminino, tornaram-se também hábito entre homens e mulheres. É sempre a pessoa mais importante que toma a iniciativa de beijar. Uma senhora, por exemplo, aproximará seu rosto ao de um amigo; a pessoa mais velha ao do mais jovem. É comum entre os moços a troca de três beijos, uma atitude descontraída que pode desagradar às pessoas mais formais. Não é aceitável durante cerimônias públicas e ambientes de cerimônia. Para o beijo amistoso, vale o mesmo do aperto de mão: não se beija quem está comendo ou um doente.

CARTÃO DE VISITA

Quem deseja passar a imagem de bem-educado, ao nível social e profissional, terá seu cartão de visita, independente de idade. Até uma criança pode ter o cartãozinho, um pouco menor que o de adulto, cuja medida padrão está por volta de 5cmx8cm. O cartão clássico é branco, mas já se admite outras cores, principalmente em se tratando de cartão profissional.

Dobras no cartão

Dobrar o cartão, no alto à direita, significava, na etiqueta francesa que, mesmo que o visitante não fosse recebido, a visita de cortesia estava feita. Em decorrência daquela tradição, pode-se dobrar ainda o cartão, em sentido vertical, deixando uma margem de 1cm acima, à direita, na ponta, formando pequeno triângulo, desde que não haja mensagem manuscrita. A dobra num cartão significa também que não poderá ser usado novamente.

Uso do cartão

A mensagem é sempre escrita à mão, tanto para felicitar como enviar pêsames. O cartão, tendo o nome impresso em tinta preta ou cinza escuro, pode ser íntimo. É o texto que o define. Como? Ao enviar flores para uma amiga, risca-se com um traço diagonal o sobrenome impresso, que permanece visível. Quem apenas dispõe de cartão comum, terá de assinar o nome completo ao pé da mensagem, para não ser confundida com uma amiga homônima. Quando se escreve um pouco mais, deve-se iniciar pelo verso do cartão, terminando no lado impresso. Outra modalidade é riscar todo o nome; escrever a mensagem no verso, assinando o prenome. No caso de cartões duplos, o nome é impresso na face externa e é escrita a mensagem no lado que se apresenta ao abri-lo.

No cartão de visita social constará apenas o nome, sem título da pessoa e endereço. Quando se possui só cartão profissional, ao usá-lo para cumprimentos, deve-se riscar os dados impressos, deixando apenas o nome.

Cartão do casal

Lauro Fernandes
Marcia Araujo Fernandes

O cartão de um casal deve ter o nome do marido acima, ainda que a mulher use só o sobrenome de solteira. É importante que o casal tenha um cartão em comum e os individuais dele e dela. Considera-se deselegante até hoje uma senhora dar seu cartão social a um homem. Essa é a razão de pessoas mais cerimoniosas, ao visitar outro casal, deixarem o seu cartão em comum para a senhora e só o cartão do homem para o senhor visitado. Tratando-se de cartões individuais: o homem deixa dois cartões seus, um para o cavalheiro e outro para a senhora; a mulher, seu cartão para a dama visitada.

Cartão profissional

Os cartões indicando profissão, função desempenhada numa empresa, endereço comercial, número de telefone, funcionam como uma projeção da imagem de quem exerce uma atividade. É sinal de auto-estima e organização, sendo indispensável.

Ainda que os encontros em escritórios devam ser realizados com hora marcada, nem sempre isso é possível. Havendo secretária, entrega-se o cartão a ela, como uma apresentação. Se o primeiro contato for direto com o executivo, cabe apresentar a ele o cartão. O cartão profissional, com nome e endereço, facilita também futuros contatos. Não se usa dobrá-lo como é feito com o cartão social.

Para enviar flores, recados, o cartão profissional é usado com envelope, da mesma forma que o social, desde que a comunicação seja em função profissional. Já o funcionário de uma empresa, ao ser convidado para jantar na casa de seu superior, enviará flores à mulher deste, usando seu cartão social, com a mensagem de cumprimentos escrita a próprio punho. É um caso típico do convívio no trabalho estender-se ao social.

Modelo de cartão

Tem o mesmo tamanho do cartão de visita e a cor varia de acordo com o tipo de atividade. O mais comum é branco. O nome é impresso no centro com a função especificada em tipo de letra menor imediatamente abaixo. À direita, acima do cartão, pode figurar o logotipo e o nome da empresa; abaixo, à esquerda, o endereço comercial.

> *Dr. Anselmo Guimarães Lima*
> médico
>
> *Consultório* *Residência*
> *(endereço, telefone)* *(endereço, telefone)*

✔ Ver mais sobre o cartão profissional no livro *Boas maneiras & sucesso nos negócios* (L&PM Editores).

CORRESPONDÊNCIA

Torna-se raro, no início do século 21, encontrar pessoas que cultivam o hábito de escrever cartas para serem postadas. A facilidade do telefone e do e-mail e o ritmo mais acelerado de vida desestimularam aquele hábito. No convívio social, no entanto, as regras de cortesia são cumpridas em cartas e cartões de agradecimento, de felicitações ou de condolências. Elas têm muito mais valor do que um telefonema, fax ou e-mail, pelo aspecto estritamente pessoal com suas características peculiares de tamanho, envelope, textura de papel, letra e distribuição de texto. Toda mensagem por escrito, inclusive o e-mail, exige que as palavras sejam bem avaliadas, diferente, portanto, do que ocorre ao se falar espontaneamente.

Como escrever

A carta deve ser facilmente legível. Quem tem má letra pode optar pela carta digitada, ainda que seja mais adequada à correspondência comercial. Deve ser escrita num só lado da folha. Um modo de tornar uma carta digitada mais íntima é escrever a data e as primeiras palavras de manuscrito, seguindo na digitação e voltando a escrever à mão as saudações finais.

Importante é não ser prolixo na correspondência: a carta é um meio para dar notícias e não um fim em si mesma. Usar em demasiado o "eu" torna-se um tanto presunçoso. Procura-se sempre fazer o destinatário compartilhar as impressões relatadas. Ao contar que se viu conhecido artista representando num teatro de Nova Iorque cabe uma introdução: "Gostaria que estivesses comigo assistindo ao espetáculo..." Em compensação, uma carta cheia de perguntas torna-se enfadonha, o mesmo ocorrendo com pedido de escusas por não ter escrito antes e *post scriptum* (P. S.) muito longo abaixo da assinatura.

A carta

A estrutura de uma carta social não difere muito da comercial. É dividida em cinco partes: o cabeçalho, com local da expedição e data, acima na folha de papel, escrevendo o nome do mês por extenso e não com algarismo romano; as saudações de abertura; o assunto em questão, ou seja, o corpo da carta; as despedidas e a assinatura. Usa-se numa carta sempre o mesmo pronome de tratamento. A comunicação será tanto mais viva quanto mais se mantiver fiel ao grau de relação, mais ou menos íntimo, existente entre a pessoa que escreve e o destinatário, para que a mensagem não pareça falsa. É geralmente no início e no final de uma carta que isso pode ocorrer. A palavra "querida" transmite forte carga de afeto e intimidade; um abraço final, sem adjetivação, é apenas cortês. As cartas íntimas costumam ser encerradas apenas com o prenome, o que não elimina o uso do nome completo e endereço do remetente, no verso do envelope, abaixo.

Quem deseja ver modelos de cartas e documentos basta abrir o computador e clicar em Arquivo, depois em Novo e encontrará em Cartas e Faxes uma série de referências úteis.

Cartão-postal

Ele tornou-se hábito durante viagens longas. Quando não é dirigido a pessoas muito chegadas, deve-se assinar o nome completo ou com a inicial do sobrenome (*Mario Ribeiro* ou *Mario R.*), para facilitar a identificação. Enviar um postal de viagem é uma cortesia entre pessoas que mantêm relacionamento amistoso e afetivo. Caso contrário, deve-se ter cuidado para não parecer exibição em propalar uma grande viagem ao exterior.

Papel de carta

O papel timbrado revela a pessoa organizada e que possui um círculo maior de relações. Para a correspondência social, usa-se apenas o nome impresso, gravado ou em xerox, na parte superior da folha, à esquerda, em tinta preta ou grafite, evitando o dourado. É sempre um requinte usar as iniciais ou o nome completo em relevo. Tendo em vista a correspondência aérea, é interessante um papel mais leve, que será branco, amarelinho, verde musgo, bege, combinando com o envelope. Para os homens é mais próprio papel branco, bege e cinza. O papel-fantasia, ilustrado em cores diversas, não é suscetível de timbre, mas se pode usar as iniciais impressas na dobra que fecha o envelope, no verso.

A folha do papel de carta dobra-se de modo que a assinatura, e não o início da missiva, fique à vista do destinatário ao abrir o envelope.

Cartões

É recomendável possuir cartões também personalizados, em tamanho que corresponda à metade de uma folha do papel de carta convencional. Eles recebem igualmente o timbre e são muito práticos para escrever um bilhete, usados com envelope do mesmo tipo do papel de carta. Ao colocar o cartão no envelope, deixa-se a assinatura voltada para o lado em que se abre o envelope. Como nas cartas.

Abrindo a correspondência

Ao ler uma carta, cartão ou telegrama, se estabelece uma relação exclusivamente entre o remetente e o destinatário. Daí ser uma descortesia abrir a correspondência diante de terceiros. O caráter de urgência de um telegrama justifica, no entanto, que isto seja feito, mas se pede licença para fazê-lo. O mesmo vale para o e-mail. Numa casa bem organizada, os envelopes enviados por correio são recebidos e separados para seus respectivos destinatários e, mesmo aberta, não se deve ler uma correspondência alheia, por maior que seja a intimidade. É sinal de ética e boa educação que se ensina às crianças, desde cedo.

P. E. O.

O envelope de uma correspondência particular deve ser sobrescrito à mão. Quando a correspondência não for enviada pelo serviço de correio, costuma-se acrescentar após o endereço "Em mão", ou E/M. Se uma pessoa de nossas relações que viaja for o portador, é sempre delicado acrescentar abaixo do endereço do destinatário a sigla P. E. O. (por especial obséquio) de Fulano de Tal. Pode ser útil escrever, também, no envelope, o número do telefone do destinatário para o portador avisar-lhe onde buscar a carta, facilitando sua tarefa. Sem um motivo especial, não se admite mais usar os préstimos de portador para uma simples carta que pode ser postada.

Fax

É um meio de correspondência não sigiloso como a correspondência envelopada, porém mais eficiente que o telefone, especificando, por escrito, nomes, datas e horários. A linguagem é simples, quase oral, porém sempre correta e de acordo com as regras de ortografia. Quem gosta de caprichar seus faxes possui papel timbrado com seu nome e endereços. Em correspondências mais rápidas e menos formais não precisa usar folha de rosto, mas não se deve escrever nada confidencial, pois nem sempre um fax é recebido pelo destinatário.

Correspondência virtual

O e-mail é uma correspondência mais rápida, na qual se procura escrever o necessário, sem muita conversa. É diferente ler uma carta na tela do computador e no papel de carta, mas o cuidado com a apresentação do texto é o mesmo. Assim como se evita cometer erros de ortografia, ao reler um e-mail antes de enviá-lo, é bom verificar se não houve falhas na digitação.

O e-mail é sempre dirigido a uma pessoa e contém uma saudação, mesmo que se escreva apenas "olá". A mensagem é concluída com um abraço, beijos – dependendo do grau de intimidade – ou um simples agradecimento. Para facilitar a leitura, abre-se parágrafos, como numa carta, e ainda se deixa um espaço entre os blocos de texto para destacá-los.

Não se escreve uma palavra toda em maiúsculas, pois parece que a pessoa está gritando; nem se usa negrito indiscriminadamente. Há um estilo a cultivar em nossos e-mails e devemos lembrar que um e-mail é o reflexo da nossa imagem. Faz parte da boa-educação também acusar o recebimento de uma correspondência, mas se poupam os amigos das anedotas e avisos que nem sempre fazem o gênero deles. O tempo vale ouro diante de um terminal.

CONVITE

Ao fazer um convite, quer seja informalmente ou de modo mais cerimonioso, um anfitrião estará revelando seu grau de segurança e *savoir faire,* independente de se tratar de uma recepção para grande número de convidados ou um simples jantar entre amigos. O convite deve ser formulado de acordo com a reunião. Um telefonema com dois dias de antecedência é o suficiente para uma festa íntima; o convite impresso caberá a um casamento mais formal ou a uma festa com características especiais. Anfitriões que costumam receber com freqüência possuem convites com os dizeres básicos impressos e espaço para preencher de manuscrito o texto variável.

Os meios eletrônicos como e-mail, secretária eletrônica e fax são utilizados para fazer convites íntimos pedindo confirmação, e, especialmente, para antecipar um convite que será enviado, pedindo para reservar a respectiva data. É o *for memory* comentado mais abaixo, quando são referidos os cartões.

Como convidar

Todo convite deve indicar data, horário, local e, nos casos de poder suscitar dúvidas, o traje. Ao convidar por telefone, informalmente, com dois dias de antecedência no mínimo, estes requisitos devem ser todos preenchidos. Após os primeiros cumprimentos, o contato pode ser mais ou menos assim:

"Na próxima sexta-feira, às nove horas, estaremos recebendo para um jantar íntimo, aqui em casa, e teremos muito prazer que você e Paulo compareçam. Alfredo vai preparar um prato com frutos do mar. Vão encontrar Maria e Luiz Gonçalves... os Santana... que vocês já conhecem. Será num clima descontraído, os homens de camisa esporte."

Deste modo, uma anfitriã responde a todos os quesitos, não deixando a convidada com dúvidas, usando de uma linguagem simples e mais próxima. Dizer que se trata de jantar é importante para o convidado não comer antes e saber que precisa ser pontual. Especificar o prato principal pode ser aviso para alguém que segue dieta. Também é gentil referir alguns dos convidados que vão estar na reunião, colocando antecipadamente os amigos à vontade. Este detalhe é tão importante na França, que, em convites impressos de rígido protocolo, usam acrescentar uma folha com a lista de convidados.

Recebendo o convite

Ninguém é obrigado a aceitar um convite, mas, sim, a recebê-lo de forma cortês, quer seja aceitando ou não. Isso se pode fazer, em último caso, por e-mail, fax ou secretária eletrônica com o devido agradecimento pela atenção.

O que não se faz é introduzir o convite feito de viva voz ou por telefone com a frase: "Vocês têm algum compromisso para a noite de sexta-feira?" Se por algum motivo o convidado não pode ou não deseja comparecer, ficará bloqueada a saída para uma desculpa delicada. E é importante dizer que não estará presente, pois numa reunião de poucos convidados a dona da casa precisa formar seu grupo: se alguém não vai, ela convidará outra pessoa; em caso de jantar, a mesa não ficará com lugares vazios.

Quem convida

Quando um casal convida outro casal, quem deve convidar por telefone é a mulher, mesmo que não conheça pessoalmente a outra senhora. Isto é comum nos jantares em função da relação profissional dos maridos. O anfitrião, no entanto, avisa ao colega que sua mulher telefonará à senhora dele, facilitando a comunicação entre elas.

Uma criança, além de convidar o amiguinho, terá a colaboração de sua mãe, que confirmará o convite com a mãe do pequeno convidado. Em geral, usam entregar os convites manuscritos aos coleguinhas, na escola.

Quando não convidar

Não é correto formular um convite diante de outras pessoas que não serão convidadas ou referir-se à festa que está sendo programada e que não terá a presença delas. A ocasião para convidar alguém deve ser bem determinada. Não será num encontro casual, na rua, no teatro ou numa festa, deixando o convidado incerto se já havia a intenção do gesto. Pode-se, sim, avisar que será feito o convite num contato posterior.

Para estes casos se aplica o *for memory* ou *pour memoire*, que é um lembrete feito por telefone ou num cartão com data, horário e local da reunião, seguidos da sigla P. M.. Se isso não ocorrer, o convidado não tem obrigação de comparecer, nem de apresentar escusas.

Recados

Evita-se deixar recados de convites, por telefone ou através de terceiros. Uma jovem que deseja convidar um rapaz para sua festinha não deixará o recado com a empregada, mas, se estiver falando com alguém da família dele ao telefone, devidamente identificado, poderá fazê-lo. É mais um caso em que cabe o *for memory* a ele, mais tarde.

Amigos de amigos

Muito freqüente, entre gente jovem, é pedir que convidados indiquem alguns amigos para uma festa, determinando o número. Se houver convites impressos, o correto é que a anfitriã receba o nome dos convidados que não conhece e sobrescrite os envelopes que o amigo comum vai entregar.

R. S. V. P.

Esta sigla da expressão francesa *Répondez S'il Vous Plait*, ou R. S. F. F. (Responda Se Faz Favor), como é adotada em Portugal, reflete uma festa bem planejada. A indicação aparece em convites impressos, abaixo, à esquerda, seguida do número do telefone e o prazo para a confirmação. Os franceses têm ainda a expressão *en cas de refus*; os americanos, *Regrets only* seguido do número do telefone, pedindo resposta exclusivamente para o não-comparecimento. Sempre que houver o R. S. V. P., o convidado bem-educado telefonará confirmando ou não sua presença. Há um motivo de ordem prática: o número exato do serviço de jantar ou coquetel a ser contratado. Daí também a necessidade de certa antecedência na confirmação de presença. É por isso que, por medida de precaução, os organizadores de uma festa tomam a iniciativa de telefonar aos convidados. (Ver *DEBUT* e CASAMENTO.)

Tipo de traje no convite

Para eventos do mundo oficial, festas particulares ou recepções em caráter comercial, é indicado o traje. Na dúvida, a mulher opta por um vestido de crepe de seda escuro, evitando brilhos. O homem vai de gravata e é importante a harmonia entre o traje do casal.

Esporte

Reuniões que envolvam lazer, eventos matinais, festas ao ar livre, churrascos à noite.

Homem: camisa sem gravata, suéter, jaqueta. Jeans. Calçado *top sider,* mocassim e meia. Tênis só é indicado quando houver a prática de esporte.

Mulher: Calça comprida, saia e blusa, blazer, malhas. Sandálias, sapatos de salto baixo ou tênis mais delicado, bota.

Passeio, esporte fino, esporte completo ou tenue de Ville

Casamentos matinais, cafés da manhã, almoços e chás. Reuniões antes do jantar. Teatro.

HOMEM: Blazer ou terno em cor neutra. Para casamentos sempre roupa escura. Camisa branca ou de cor e gravata sem brilho. Terno padrão príncipe-de-gales ou mescla. Sapatos e meias escuras.

MULHER: Terninho, *tailleur*, saia e blusa. Vestido. Sapato *scarpin* com salto. Meia. Bolsa em tamanho médio do tipo carteira. Jóias e bijuterias metálicas, pérolas, coral, turquesas etc.

Passeio completo, social ou recepção

Banquetes, festas à noite, casamentos em final de tarde, estréias teatrais acompanhadas de coquetel.

HOMEM: Terno escuro (não inclui marrom), gravata em tecido nobre. Colete opcional. Fraque ou meio-fraque para casamentos (independente do horário). Sapatos e meias pretas.

MULHER: Vestido curto ou longo em tecidos nobres (crepe, tafetá, cetim, brocado, renda, jérsei, dependendo do tipo de recepção). Túnica e pantalona. Brilhos. Sapato de salto e carteira em couro, camurça ou tecido.

A RIGOR, BLACK TIE, TENUE DE SOIRÉE OU GALA
À noite, em geral com baile. Banquetes de protocolo rígido.
HOMEM: *Smoking*. *Summer* se for verão. Casaca. Sapatos e meias negras. Sem relógio de pulso.
MULHER: Vestido até os pés permitindo mais bordado e requinte. Saia longa com túnica. *Tailleur* longo com *top* em tecido nobre e brilhos. Sapatos e carteirinha em tecido ou couro metalizado (de acordo com a moda da época). No traje black-tie, a mulher pode usar vestido de festa curto.

TRATAMENTO

As formas de tratamento para sobrescritar envelopes de cartas e convites estão bastante simplificadas. Escreve-se: Ao Senhor Fulano de Tal; Senhor Fulano de Tal e Senhora; Ao Senhor e à Senhora Fulano de Tal. As expressões Ilmo. e Exmo. saíram de uso na correspondência, mas o protocolo tem suas exigências. Excelência é o tratamento devido a autoridades como o presidente da República no alto de uma relação que segue as normas oficiais do Departamento Administrativo do Pessoal Civil e do Ministério de Educação e Cultura. Na correspondência dirigida ao presidente da República e governadores de Estado, escreve-se, por extenso, Excelentíssimo, mas a forma mais usual é Excelência.

> A Sua Excelência o Senhor
> Dr. Fulano de Tal
> Governador do Estado do...
> Palácio...
> Em mão

Ministros de Estado, oficiais-generais das Forças Armadas, senadores e deputados, prefeitos municipais, embaixadores e juízes federais fazem parte do grupo de autoridades que exige tal tratamento. Dirigindo a palavra a estas personalidades, o tratamento formal é Vossa Excelência, exigindo pronome e verbo na terceira pessoa, ou Senhor. Os reitores de Universidade que eram chamados de Vossa Magnificência passaram a receber também o tratamento Excelência, mas num discurso usa-se dizer Magnífico Reitor, enquanto os juízes são chamados de Meritíssimo. Autoridades eclesiásticas exigem tratamento especial. O papa é Sua Santidade; Eminência Reverendíssima é para cardeal; arcebispos e bispos recebem sua correspondência como Excelência Reverendíssima. Ao se falar com um cardeal se dirá Eminência; Excelência a arcebispos e bispos; Monsenhor aos monsenhores, e usa-se Senhor para cônegos e superiores religiosos. Alguns exemplos de tratamento em correspondência oficial:

> A Sua Excelência o Senhor
> Fulano de Tal
> Ministro de Estado da Justiça
> Esplanada dos Ministérios
> Brasília – D. F.

A correspondência dirigida a um ministro e sua esposa:

> A Suas Excelências o Senhor
> Ministro de Estado do Interior e a
> Senhora Fulano de Tal
> Esplanada dos Ministérios
> Brasília – D. F.

> A Sua Eminência Reverendíssima
> Dom Fulano de Tal
> Cardeal de...
> Endereço
> Em mão

Realeza

Num país onde houve regime de monarquia, como o Brasil, não é raro estabelecer contatos com descendentes da família imperial. Netos e bisnetos da Princesa Isabel residem aqui e seus parentes que vivem na Europa possuem muitas relações de amizade no Brasil. O tratamento devido a príncipes é Sua Alteza ao endereçar uma correspondência; falando, diz-se alteza, mas em geral eles pedem para ser tratados por Senhor e Senhora, sendo chamados por Dom ou Dona antes de seus nomes de batismo: Dom Pedro, Dona Isabel.

Senhoras

A expressão Dona exige sempre o prenome: Dona Luíza ou Dona Luíza Corrêa Lima. Senhorita não cabe a uma mulher solteira de mais idade: será senhora.

Ao subscritar o envelope de uma carta para o exterior, emprega-se o tratamento no idioma do país onde o destinatário se encontra. O francês e o inglês são idiomas conhecidos em todos os países no tratamento epistolar e ao falar. Na França, Senhora é Madame; nos Estados Unidos é Mrs. (missis) e a mulher com seu nome de solteira é Miss ou Ms. Este último é um tratamento moderno dirigido a mulheres divorciadas ou solteiras que exercem atividade profissional.

CONVERSA

Saber conversar é um dom que será transformado em arte social quando devidamente cultivado. Através da observação e da experiência, mesmo introvertidos podem se tornar exímios parceiros nessa arte. É necessário alguma experiência para conseguir estabelecer a relação entre as pessoas em torno de um assunto comum. Para ser agradável, é preciso que se manifeste interesse por aquilo que os outros tenham a dizer. Mulheres e homens de intensa vida social, às vezes – até por obrigação de ofício, como é o caso de diplomatas –, alcançam prestígio por sua habilidade em colocar as pessoas à vontade, ouvindo-as atentamente, deixando que se sintam importantes. O bom ouvinte também tem sucesso praticando um jogo social em que acalentar a vaidade do próximo soma muitos pontos.

Gestos

Deve-se ter cuidado com o que se diz e como dizê-lo, mas o gesto também impressiona bem ou mal. Quem fala batendo a toda hora no braço do interlocutor ou estende o braço, a mão quase atingindo o rosto do outro, torna-se desagradável. As pessoas bem-educadas não gesticulam assim. Há estudos de Linguagem Corporal referentes ao espaço devido a cada ser humano na atmosfera. Inconscientemente, se está dentro de uma redoma, a meio metro de distância dos objetos no ambiente. É o que se pode chamar intimidade da pessoa, só ultrapassada através do tipo de relação mais afetiva. Daí, a sensação de desconforto quando alguém vai além dessa fronteira invisível.

Início de conversa

Pode-se comparar a conversação à dança: um conduz e o outro segue, mas, ao se trocar idéias, este papel se alterna. A maneira mais fácil de iniciar assunto é comentar algo sobre o ambiente; o motivo da reunião do grupo naquele momento; a lembrança de um conhecido em comum. O vestido da anfitriã e a decoração também podem ajudar. Não é preciso falar muito para ser agradável: o olhar sempre dirigido ao interlocutor, algumas perguntas para alimentar o assunto que ele desenvolve são atitudes que revelam atenção. Pode-se mostrar interesse pela conversa só com os olhos, acompanhando a um e outro dialogando e com a própria expressão facial diante do estímulo dos assuntos em volta.

Falar demais

Contar histórias longas é sempre perigoso, à medida em que as demais pessoas não participam do assunto, pelo menos com perguntas. Evitam-se, sempre que possível, as narrações longas na primeira pessoa. Quem conta episódios de sua recente viagem deve procurar despertar comentários de experiências similares do grupo.

Nem sempre o silêncio em volta de um convidado prolixo reflete interesse e é preciso que o personagem falante cultive sua sensibilidade para saber se está ou não agradando. Desta forma, evitará a descortesia de alguém mais impaciente interrompê-lo com a pergunta "Já terminou?"

Interrupções

Conversas muito interrompidas é mal dos coquetéis. Importante para manter a fluência de um tema de interesse é, à chegada de um convidado, após os cumprimentos cabíveis, retornar ao assunto. Aquele que foi interrompido dirá algumas palavras resumindo o que falara, introduzindo deste modo o recém-chegado ao grupo. Quase sempre, são os anfitriões que fazem isso com aquele que chega mais tarde.

Gafes

Narrar uma cirurgia ou fato doloroso ocorrido com alguém de fora, sem saber que um dos presentes passou por semelhante prova, é um exemplo. Ao ser informado pela dona da casa ou pela própria pessoa, quem cometeu a gafe dirá "desculpe, não sabia" e a conversa seguirá em outro rumo. Insistir nas escusas é de mau gosto. Uma gafe, dependendo da descontração no ambiente, transforma-se em um momento de cumplicidade e bom humor, do qual quem deu o fora participará. Ilustrando: alguém diz detestar um prato e, à hora do jantar, este alimento é o centro do cardápio. O único jeito é fazer um sorriso cúmplice e não retornar ao assunto.

Falar correto

Ser natural é uma das condições do bom conversador. Daí o perigo de citações de expressões em idiomas estrangeiros. Mesmo que alguém esteja pronunciando errado um nome não deve ser corrigido. Também palavras de pouco uso – dizer anfitrioa (gramaticalmente certo) em vez de anfitriã (usual) – é ser pedante. Não basta conhecer bem a gramática e escrever corretamente. É preciso também falar direito, pois descontração não é comer os esses finais e desobedecer à concordância dos verbos. Falar muito alto torna-se desagradável ao ambiente, e cometer graves erros gramaticais causa má impressão.

Entrosamento

Quando há estrangeiros numa roda, em consideração a eles, quem fala seu idioma poderá fazê-lo, desde que as pessoas mais próximas entendam. Caso contrário, deverá haver sempre a tradução. Em reuniões mais concorridas, nesses casos, ao natural, forma-se um grupo à parte. É fundamental, no entanto, que os anfitriões não deixem alguns convidados sobrando, procurando incluí-los na conversa. Diante desta realidade, torna-se evidente a importância das apresentações numa recepção. Se houver um convidado de fora, especialmente se for o homenageado, cabe aos anfitriões dizer antes – ao convidar os demais participantes da recepção – quem ele é, informando alguma atividade sua. Em geral, as pessoas, socialmente, gostam mais de falar sobre seus *hobbies* do que da profissão, e assim a conversa fluirá como deve. Espontaneamente.

Assuntos

Existe, entre os brasileiros, a tendência de separar mulheres de um lado, com suas conversas específicas, e homens do outro, falando em temas mais áridos. Pelo próprio interesse da conversa, o ideal é que eles e elas fiquem juntos, discutindo sobre temas comuns. Os homens estão mais interessados em economia, política e assuntos da atualidade; as mulheres, mais voltadas para temas culturais. Este convívio gera equilíbrio e maior vivacidade na conversa.

Quanto mais interesses se cultiva, maior facilidade haverá em trocar idéias, conquistar amizades e ser bem-sucedido socialmente. Artes e viagens são temas amenos que distraem, sem o perigo de provocar acirradas discussões como as de política e futebol. Sempre, no entanto, que essas ocorrerem, cabe a um dos integrantes do grupo, delicadamente, numa pausa, mudar de assunto.

Atualização

Haverá uma receita para o exercício da arte de conversar? Há. Informar-se de antemão quem vai encontrar; estar a par das notícias do dia, principalmente quem é tímido. É como levar o assunto no bolso do colete ou na bolsa, para usá-lo à hora oportuna, sem se esquecer de que falar é um ato que deve parecer sempre espontâneo e de que é na conversação que se fundamenta a convivência social.

TELEFONE

O senso de oportunidade deve comandar os contatos telefônicos. Pessoas, geralmente desocupadas, usam o telefone sem a consideração devida àquele que está sendo chamado. Assim, após a identificação e troca de cumprimentos, começar uma conversa comprida sem indagar se o interlocutor está com tempo disponível é descortesia. Também é pouco delicado pedir a alguém para fazer uma ligação para nós, e deixar a pessoa para quem se ligou aguardando na linha. O interessado é quem chamou e está havendo uma inversão nos papéis. Infelizmente isto é muito comum de acontecer em escritórios.

Horário

O momento de fazer uma chamada deve ser viável. Não se conhecendo os hábitos de uma casa, antes das 10 horas da manhã é indelicado fazer uma ligação e também não se telefona para alguém com quem não se tem intimidade depois das 22 horas. Sabendo-se que é em horário de refeições que se encontram as pessoas em casa, ao dar o telefonema deve sempre haver a preocupação de perguntar: "Não estou interrompendo seu almoço?" Em caso afirmativo, a conversa será breve ou se combina voltar a chamar um pouco mais tarde. Nas ligações internacionais, antes de discar é conveniente olhar o relógio, lembrando a diferença de fuso horário.

Como falar

Ao telefone, deve-se procurar estar com a voz clara, pronunciando bem as palavras e dando uma inflexão amável para facilitar a boa compreensão da mensagem. Não se usa o tratamento de querida e meu bem para quem não se conhece, hábito ainda mais inaceitável em telefonemas comerciais.

Existem desculpas que por serem chavões se tornaram desacreditadas: "Ele está em reunião..." "Deu uma saída..." Por isso, não convém primeiro perguntar quem está falando para depois dizer que a pessoa procurada não pode atender. Deve ser feito o inverso, para quem telefonou não ter a impressão que não houve interesse de lhe falar.

Em caso de demora da pessoa chamada chegar ao telefone, quem atendeu a ligação e pediu para aguardar desculpa-se e anota o número de quem chamou para o contato ser feito mais tarde. Quando não se pode anotar um recado corretamente, é preferível pedir para um retorno em horário mais propício.

É incorreto uma pessoa mais jovem ou hierarquicamente inferior usar sua secretária para pedir uma informação a quem é mais importante. Esses telefonemas devem ser feitos sempre pessoalmente e não se diz "Aqui quem fala é dona Fulana de Tal", pois não cabe a autotitulação. Dá-se o nome por extenso e, para facilitar, acrescenta-se o grau de parentesco ou de amizade com quem está sendo chamada. Quando se trata de assunto profissional, quem chamou informa o nome de sua empresa e o objetivo de seu telefonema.

Celular

Quem aproveita as vantagens do telefone móvel não é seu escravo e sabe quando pode atendê-lo e mantê-lo desligado. Com maior razão ainda que no telefone comum, ao fazer uma ligação, pergunta-se sempre se a pessoa pode falar no momento, pois não se sabe onde está. Recados podem ser deixados, mas cuidado em fiar-se nessa comunicação, porque há muita gente que passa dias sem ligar o seu celular.

A legislação proíbe usar o celular quando se está dirigindo o carro e muitos acidentes já ocorreram por essa causa. O que se pode fazer é atender, sem tirar as mãos da direção, usando o viva-voz.

Ainda que todo mundo saiba que se deve manter o celular desligado, durante uma sessão de cinema ou no teatro, é muito comum haver esquecimento. Por isso, se tornou fundamental, em salas de diversão antes do início do espetáculo, soar a voz de um locutor lembrando para desligar os aparelhos.

Evita-se andar na rua falando ao celular. Quando chamar, procura-se uma entrada de prédio para atender, evitando ficar batendo nas pessoas que passam enquanto se fala ou atrair assaltos.

Não se divide a atenção entre quem está à nossa frente e a pessoa com quem se fala pelo celular. É falta de consideração para ambos. Pede-se sempre licença para atender uma chamada, nos afastando um pouco, falando baixo e apenas o necessário. Ao retornar à conversa se pede desculpas.

É sempre sinal de consideração, quando alguém chama pelo celular para tratar assunto de nosso interesse, pedir para desligar e retornar a ligação, nos responsabilizando pela despesa.

Quem se despede

A iniciativa de encerrar um telefonema, quer seja pelo celular ou não, cabe a quem chamou. Se houver pouco tempo, há frases convencionais: "Deves estar ocupado... Não quero importunar mais...", seguidas da despedida. Quando a pessoa chamada deseja interromper a ligação se desculpa, deixando claro que o mais cortês seria aguardar as despedidas da outra. Toda vez que houver visitas e o telefone comum chamar deve-se pedir licença para atender.

Secretária eletrônica

Junto com o fax, a secretária eletrônica faz parte do equipamento eletrônico de uma casa. Especialmente quando as pessoas trabalham fora e não há mais ninguém para atender o telefone.

– Você ligou para 326-31003. Deixe seu recado. Obrigado (a).

Essa é a mensagem correta, gravada em voz clara e boa dicção. Não se informa na gravação, por motivo de segurança, quando a família está fora da cidade. Executivos costumam, nessa circunstância, deixar o e-mail.

Os recados devem ser claros e resumidos, falando pausadamente ao dizer o número do telefone para dar retorno. Muitas vezes, as pessoas falam tão ligeiro que o número se torna ininteligível.

II
A Mesa

O CARDÁPIO

O comportamento à mesa é um teste seguro para revelar a educação e o grau de sociabilidade de uma pessoa. As boas maneiras e a naturalidade com que se usa garfo e faca exigem prática. Ninguém fica à vontade num banquete ou mesa de cerimônia se não estiver habituado, em casa, ao manuseio dos talheres. Saber dizer "Obrigado (a)" e "Por favor" também é essencial no convívio às refeições, quando um companheiro passa uma travessa ou serve o vinho. São regras básicas de cortesia que não se estendem aos empregados, exceto quando é solicitado um serviço extra como pedir a reposição de um talher que caiu no chão.

Ostentação e luxo não são as condições mais importantes para montar corretamente a mesa. Fundamental é saber dispor dos elementos entre si; dar conforto aos comensais; preparar uma boa comida com atenção à qualidade dos alimentos e optar pelo serviço adequado às circunstâncias, pensando que o jantar americano está cada vez mais difundido na sociedade moderna. Em caso de dúvida, o bom senso dá a solução: o que é mais simples e funcional coincide com as maneiras corretas.

Racionalidade

Ao planejar um almoço ou jantar, usa-se a autocrítica, promovendo uma avaliação do ambiente, que começa pelo espaço disponível. Reunir grupos grandes num living pequeno só dificulta o serviço e deixa os convidados desconfortáveis. Quem não dispõe de uma boa equipe de empregados, a começar pela cozinheira, exclui pratos complicados e menus extensos ao receber em casa pessoas de cerimônia. É sempre interessante fazer um balanço das porcelanas, cristais e metais à disposição para escolher o cardápio e arrumar a mesa de acordo. Pode-se receber muito bem sabendo usar o que se tem em casa.

Comida

A escolha e a ordem dos pratos a serem servidos é o ponto de partida para o arranjo da mesa. As características dos convidados devem ser levadas em conta: pratos muito temperados não agradam a pessoas de mais idade; se alguém está de regime, prefira receitas mais leves ou ofereça opções. Clima e horário da refeição também influem: feijoada não é indicada nos dias de calor ou à noite, quando a digestão se torna mais difícil. Há também tipos de refeições de acordo com a ocasião e o local. Num jantar formal, por exemplo, é deselegante servir massas; suflês são mais próprios nos almoços.

Equilíbrio

A composição de um cardápio é balanceada. Alimentos não são repetidos: galinha com maionese elimina um suprème de frango a seguir; havendo coquetel de camarão, este não aparecerá na guarnição do peixe. A sobremesa faz parte do menu: peru à Califórnia tornará monótono ao paladar uma charlota de abacaxi e pêssegos; a galantine como entrada exclui gelatina de morango.

O cardápio é comparável a um espetáculo teatral ou a um concerto, com ritmo e expectativas, que valorizam até o colorido dos pratos: se houver um molho de tomates vermelho, a sobremesa não repetirá esta cor.

A organização de um menu é feita em torno do prato principal ou aquele que se deseja destacar. Eis o porquê de os pratos leves precederem os mais nutritivos. O equilíbrio será estabelecido em função do valor nutritivo deles: se os salgados forem leves, a refeição pode encerrar com um show de sobremesas. Este cuidado se estenderá ao aperitivo: destacar os drinques e servir muitos canapés gera o perigo de os convidados, involuntariamente, ficarem sem condições de honrar um grande cardápio.

Seqüência

Há uma ordem a seguir ao se elaborar o cardápio de um almoço ou jantar, ainda que não sejam servidos todos os alimentos relacionados. O mais comum é servir a entrada que pode ser uma salada, o prato principal de carne branca ou vermelha com guarnição, queijos, sobremesa e frutas. É importante referir que a salada servida antes do prato principal é o mais comum na América. Em menus mais requintados é servido *sorbet*, um sorvete muito leve, de fruta cítrica com pouco açúcar, conhecido como tira-gosto. O *sorbet* serve para tirar o gosto do prato anterior, preparando o paladar para o seguinte.

> Entrada ou hors d'oevre
> Salada*
> Sopa
> Peixe ou ave
> Carne com guarnição
> Queijos
> Sobremesa
> Frutas

---

* *Em mesas de tradição européia mais rígida, a salada só de legumes é apresentada num pratinho oval, à esquerda do prato principal, e degustada simultaneamente a este.*

Últimos retoques

Meia hora antes de os convidados chegarem, os donos da casa devem estar prontos e tranqüilos, conscientes de que tudo foi bem planejado. Na cozinha, os pratos necessitam apenas dos últimos retoques, principalmente se não houver empregados. Evitam-se as afobações de última hora, fazendo com que os anfitriões saiam freqüentemente da sala envolvidos pelo serviço.

BEBIDAS

Selecionar as bebidas, em geral, é tarefa que os homens assumem de bom grado e conhecimento de causa, quando um jantar está sendo programado. Os vinhos produzidos no Rio Grande do Sul estão atingindo um bom nível de qualidade e, dependendo do ano, pode-se oferecer ao conhecedor exigente um produto apreciável. Experts concluem que vinhos importados, às vezes, são prejudicados pelo transporte, submetidos a temperaturas excessivas, tanto nos porões de navio como nas longas armazenagens de cais de porto, alterando suas qualidades originais. Com isso, podem perder na comparação com um vinho nacional.

Vinho e gastronomia

São dois pólos intimamente relacionados na esfera de comer bem, pois o vinho aguça o paladar. Recomenda-se que vinhos brancos (secos e suaves) acompanhem carnes brancas, peixes e frutos do mar, e que vinhos tintos sejam servidos com as carnes vermelhas. Não existem, no entanto, regras rígidas a respeito: o bom gourmet toma o mesmo vinho com o qual foi preparada uma carne e o *coq au vin* é um dos muitos pratos de carne branca feitos no vinho tinto. Mais um motivo para escolher a bebida de boa qualidade entre os ingredientes, o que alguns cozinheiros pouco avisados consideram desperdício. Quanto melhor o vinho, mais saborosa fica a carne em que foi cozido. O vinho rosé não desfruta da mesma cotação do branco, mas pode ser tomado durante toda uma refeição, com diferentes pratos. O mesmo acontece com os champanhes brut e o meio seco, mas vinhos brancos e champanhes doces são indicados à hora da sobremesa. Com a sopa é adequado o xerez, vinho seco, servido em cálice pequeno. Ao comer saladas e maioneses, evita-se tomar vinho, pois o vinagre interfere no sabor da bebida.

Temperatura

❏ Vinhos brancos e rosés devem ser servidos gelados, numa temperatura de 6 a 12 graus, deixando-se as temperaturas mais baixas para vinhos pouco confiáveis. São necessárias duas horas para gelar o vinho no refrigerador, mas, se isto foi esquecido, pode-se deixar a garrafa num balde com gelo, o gargalo de fora. Em quinze minutos estará na temperatura ideal. O que nenhum vinho merece é ser refrigerado com cubos de gelo no cálice, pois ficará aguado; nem aquecido junto ao fogo.

❏ Vinhos tintos são servidos *chambrer*, à temperatura ambiente, o que significa de 18 a 20 graus, mas um beaujolais deve estar fresco. Deve-se ter cuidado ao caracterizar a temperatura ambiente que, em pleno verão, pode ser de 38 graus, tornando um burgundy morno e desagradável. O champanhe, no entanto, deve estar sempre bem gelado, *frapé*, o que significa de 3 a 4 graus.

❏ Vinho do porto, xerez e a maioria dos licores são servidos *chambrer*, mas isto dependerá também das preferências, porque há licores cremosos que ficam mais agradáveis quando gelados.

Como servir

É conveniente abrir a garrafa de vinho cinco minutos antes de servi-lo, para que os vapores se liberem, deixando cair algumas gotas para o caso de haver borra ou resíduos de rolha. Quanto mais velho for o vinho, menos tempo exige nesta operação. A maneira de avaliar as boas condições do vinho é pelo estado da rolha e se exala um aroma fresco.

❏ Decantar é transferir o vinho para uma garrafa de cristal e esta operação é feita fora da mesa, lentamente, mais indicada aos velhos vinhos tintos e ao Porto. Vinhos brancos e champanhe, servidos gelados, não são decantados.

❏ Ao servir o vinho no cálice, enche-se só dois terços, deixando folga até a borda, o que ajuda a liberar o *bouquet* ou o aroma que emana da bebida. Champanhe serve-se só até a metade da taça, inclinando-a levemente em diagonal, para formar espuma e manter a bebida bem gelada.

❏ O vinho possui suas virtudes, por isso é servido em cálices específicos, sendo recomendável apresentar os tintos em cristal transparente para não alterar sua cor, um dos atributos na avaliação da bebida de qualidade. O modo de pegar o cálice também define um entendedor: segura-se pela haste e não pelo bojo permitindo que seja devidamente avaliada sua aparência, evitando também que o calor da mão altere a temperatura.

❏ É uma regra de bom-tom que seja colocado um pouco de vinho no cálice do anfitrião para ele aprová-lo antes de ser servido aos convidados. Num restaurante, procede-se da mesma maneira, cabendo ao cavalheiro ou à senhora que lidera o grupo provar.

Tipos de cálices

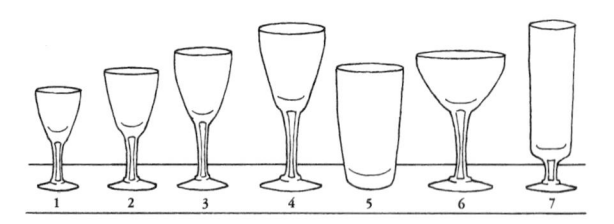

1. Licor
2. Vinho do Porto
3. Vinho branco ou rosé
4. Vinho tinto
5. Água ou refrigerante
6. Taça
7. Cálice flute para champanhe

Entendidos em vinho gostam de tomá-lo em cálice branco maior, não obedecendo as características diferentes para vinho tinto ou branco.

MONTAGEM

Assim como uma mulher elegante joga as cores, padrões e acessórios na produção harmoniosa de um traje, a dona de casa estabelece combinações dos materiais exigidos no arranjo de uma mesa de refeições. O ideal é que toalhas, porcelanas, metais e cristais sejam adquiridos segundo um planejamento de acordo com o estilo da casa e o tamanho da mesa. Porcelanas lisas brancas serão bem usadas com toalhas estampadas; as louças decoradas destacam-se sobre toalhas lisas. O uso do jogo americano com os guardanapos individuais veio a facilitar a maior variedade no visual da mesa de uma família.

Toalhas

Cultiva-se também um modo pessoal de compor a mesa de refeições, para diferentes oportunidades. Num jantar formal, a toalha tradicional é branca, mas hoje há liberdade na escolha de cores, quando se recebe em casa com mais formalidade. Ambientes rústicos pedem toalhas de linhão, granitê e xadrezes que vão bem com a louça branca e as cerâmicas. Usam-se, também, as sobretoalhas, que oferecem a vantagem não só de vestir melhor a mesa como poupar a toalha maior.

Mesas com tampo de vidro ou de mármore podem dispensar a toalha, mas não o guardanapo de tecido, que adquire maior destaque no conjunto.

Guardanapos

Há quem tenha o hábito de colocar dentro dos guardanapos um outro menor vermelho para as senhoras, tendo em vista a dificuldade para remover as manchas de batom. É um procedimento, no entanto, que não cabe em mesas mais formais. Já os guardanapos de papel são sempre para reuniões descontraídas e plenamente justificáveis em casas de lazer. Adequados para o aperitivo, acompanhando salgadinhos e drinques, usam-se cada vez com mais freqüência os descartáveis personalizados, com as iniciais ou o prenome dos anfitriões impressos.

Decoração

Flores constituem os elementos vivos da decoração da mesa, dando mais calor à reunião: as rosas são requintadas, combinando com toalhas e serviço de porcelana e cristais mais finos; margaridas e uma miscelânea de folhas casam com a mesa descontraída de uma feijoada. Os centros de mesa com frutas, legumes e verdes são indicados para almoços.

Estes arranjos decorativos não devem interferir na visão entre os convidados. Por isso mesmo, a altura de um arranjo de centro não ultrapassa os 35 centímetros. Outra opção é a composição floral ficar acima das cabeças em recipientes bem altos e finos. Flores de perfume forte, como o jasmim, são evitadas à mesa de refeições, pois interferem nos sabores das comidas e bebidas.

No visual da mesa, há múltiplos detalhes a serem levados em conta: a toalha bem passada, sem vincos, colocada em cima de outra mais grossa que funciona como forro e serve também para eliminar o ruído dos utensílios que são movimentados na mesa. Os metais devem estar brilhando, e os cristais transparentes. Cabe lembrar que por mais fina que seja a marca dos cálices jamais se deixa a etiqueta num cristal em serviço, o mesmo valendo para objetos de adorno.

Velas

Elas são usadas exclusivamente em jantares, mas não significam cerimônia. Brancas, em candelabros de prata ou cristal, destinam-se a jantares formais; coloridas, em castiçais de cobre ou madeira, são rústicas. Elas devem ser acesas, pela empregada ou pelos donos da casa, antes de iniciar o jantar.

Montagem do lugar

Ao arrumar a mesa, reservam-se 50 centímetros de distância, o espaço mínimo para o conforto do comensal, e deixa-se uma folga de 8 centímetros entre o prato e a borda da mesa. Se a porcelana tiver motivos florais ou monograma, colocam-se todos os pratos na mesa com o desenho na mesma posição.

Faca e garfo para peixe; colher da sopa; faca e garfo do prato de carne; colher e garfinho para o sorvete com compota de pêssego. Cálices: vinho branco, água, champanhe.

Talheres

Eles são dispostos de acordo com a ordem do cardápio, de fora para dentro.

❏ Colheres e facas à direita, estas com o fio para dentro; garfos à esquerda, fazendo exceção o garfinho da ostra, que fica à direita.

❏ Não se coloca mais de três facas e três garfos à mesa. A parte côncava da colher e do garfo fica apoiada na mesa, mas quando houver monograma

– em geral são talheres antigos de família –, deixa-se à vista, o cabo virado para cima. Essa modalidade, ainda é usada em mesas tradicionais, mesmo sem monograma no talher.

❏ É raríssimo se ver a colher para molho ou de gourmet na mesa. Ela fica à esquerda da faca do prato principal. Parece uma pá de torta, pequena, no tamanho dos talheres individuais, utilizada para se aproveitar o molho da carne ou do peixe que fica no prato do convidado, sem necessidade de usar um pedacinho de pão.

❏ Os talheres de sobremesa podem ser colocados, desde o começo da refeição, acima do prato: a colher com o cabo voltado para a mão direita do comensal; o garfinho abaixo dela, com o cabo à esquerda, facilitando seu manuseio.

Utensílios de uso individual

❏ O pratinho do pão fica à esquerda, com os recipientes da manteiga, azeitonas, etc. Em mesas que seguem a etiqueta européia, pode aparecer outro pratinho, em forma de meia-lua: é para a salada, servida simultaneamente ao prato quente.

❏ O prato individual para o pão nem sempre é usado em mesas de banquete. O pãozinho pode vir dentro do guardanapo no pratinho que está sobre o prato de servir. Observando os talheres, haverá garfo e faca (ou talheres de peixe) para a entrada que será servida pelo garçom naquele pratinho. O comensal, nesse caso, deve colocar o pão à esquerda do seu prato, diretamente sobre a toalha, e o guardanapo no colo.

❏ Os cálices são dispostos acima do prato, à direita, em linha decrescente, de acordo com a seqüência em que as bebidas forem servidas, ou em triângulo. O copo d'água já estará servido quando os comensais chegarem à mesa. Refrigerantes não são servidos em mesas de grande cerimônia: apenas vinhos e água.

❏ O guardanapo é colocado em cima do prato; caso a entrada seja servida antes de os comensais sentarem, ele estará à esquerda.

❏ Torna-se cada vez mais comum o uso do *sousplat*, um prato maior que o de serviço, em metal ou porcelana, colocado debaixo do prato com os alimentos quentes. O *sousplat* fica sempre no lugar do convidado, evitando o espaço vazio na mesa entre um e outro prato servido.

❏ A lavanda é uma tigelinha de metal ou cristal colocada sobre um prato de sobremesa, às vezes com guardanapinho redondo entre a vasilha e o prato. É apresentada com água morna e gotas de limão; pétalas de rosa exclusivamente para as senhoras. Usa-se para lavar os dedos, após um prato salgado (ostras) ou frutas comidas com a mão. No pratinho, de cada lado da tigela, são dispostos os talheres: colher e garfo para a sobremesa; garfo e faquinha para a fruta que terá seqüência na refeição.

LAVANDA

❑ Taças de sorvete e cremeiras individuais são apresentadas sobre prato de sobremesa ou pires, onde fica a colher. Usa-se guardanapinho redondo de tecido ou papel entre estes dois utensílios.

❑ Se os anfitriões não desejarem que seus convidados fumem, os cinzeiros são eliminados da mesa de refeições, mas seu lugar é pouco acima do pratinho do pão, colocados à hora da sobremesa.

❑ Paliteiros não são admitidos nas mesas. O que se costuma fazer é colocá-los no lavabo social, junto a uma salva com drágeas digestivas, que ali serão usados pelos convidados que o desejarem.

Bufê

É a modalidade mais prática de receber para almoço ou jantar, solucionando problemas de espaço. Usa-se a mesa principal da sala e, nos casos de apartamentos pequenos, pode-se encostar a mesa à parede, facilitando a circulação dos convidados. O cardápio para um bufê deverá constar de alimentos que ofereçam facilidade para comer. O ideal são as carnes cortadas, os peixes macios que não necessitam que os comensais usem faca: estrogonofe e fricassés. Mesinhas auxiliares distribuídas pela sala ou as práticas bandejas revestidas de tecido são elementos importantes para o serviço americano, como é chamado. É preciso fazer algumas adaptações na distribuição das cadeiras, procurando colocá-las junto de móveis, onde possam ser apoiados pratos e cálices.

Por todos os detalhes que exige, um jantar americano deve ser bem planejado: os donos da casa têm de imaginar como seus convidados poderão comer mais confortavelmente, dando-lhes as condições para isto. Nesse esquema, podem entrar os almofadões e as cadeiras baixinhas, tão a gosto do pessoal jovem.

A mesa

Ao esquematizar a mesa do bufê, se esta for retangular, distribuem-se pratos e cálices de modo a ficar metade deles em cada uma das extremida-

A MESA DO BUFÊ

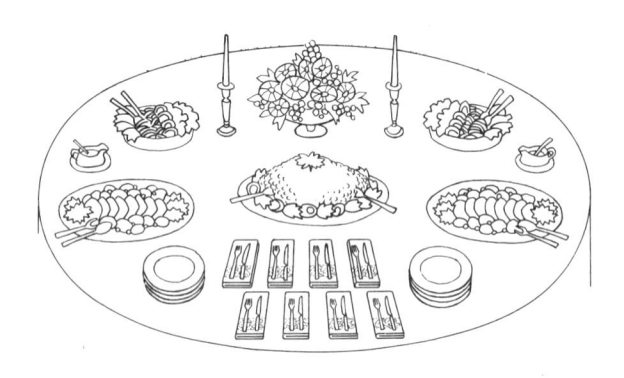

des, os talheres – faca sempre à direita do garfo – alinhados dois a dois, junto aos guardanapos em primeiro plano para quem vai pegá-los. Existe porta-talheres em tecido, na forma de leque, onde são colocados os talheres para bufê, um acessório requintado para este serviço mais prático. O estrogonofe, por exemplo, será servido em duas travessas, cada uma de um lado da mesa, estabelecendo-se assim dois núcleos para o serviço, promovendo melhor circulação e rapidez para os convidados se servirem. Se a mesa estiver encostada à parede, deixam-se os elementos altos (flores, sopeiras, velas) mais atrás.

Na mesa do bufê, os elementos são dispostos funcionalmente, para facilitar o auto-serviço dos convidados. Copos e bebidas podem ficar à parte, num aparador.

Em função da melhor degustação de comidas e bebidas e do visual do bufê, as sobremesas deverão ficar em outra mesa ou ser apresentadas após a retirada dos salgados. Uma gelatina de morangos junto ao prato da carne com molho de cogumelos não é uma visão atraente e acaba havendo uma mistura dos aromas de comidas e doces.

O que muito facilita o bufê é um carrinho auxiliar ou o próprio aparador da sala, que tanto pode receber pratos, talheres e cristais a serem usados, como algum dos pratos do cardápio.

O jantar americano tornou-se tão comum que, para maior comodidade de quem come fora da mesa, muitas vezes com o prato no colo, foi desenvolvido industrialmente um aplique para este prato, onde se pode fixar o cálice de vinho e colocar um talher.

Serviço

Ao programar o serviço para uma refeição, é importante determinar os lugares dos convidados à mesa, partindo sempre do casal anfitrião. Marido e mulher sentam-se frente a frente, *vis a vis*, o que possibilita dividir o atendimento aos convidados. Se um destes estiver atrasado, espera-se apenas meia hora para servir a refeição, pois seria desconsideração aos demais prolongar esta espera, comprometendo também a qualidade da comida. O retardatário que chega em meio à refeição, tratando-se de jantar com as pessoas sentadas à mesa, acompanha-as no prato que está sendo servido no momento.

Distribuição dos lugares

O lugar de honra fica à direita da *hostess* e do anfitrião: o cavalheiro mais importante (homenageado, mais idoso, função que ocupa) senta-se à direita da dona da casa; a senhora dele, à direita do dono da casa. Quando é uma mulher só que está recebendo, pode convidar um parente ou amigo íntimo para que ele faça a parte do anfitrião, ocupando o lugar deste. Se ela receber sozinha ou for um almoço de senhoras, à sua direita sentar-se-á a convidada de honra.

Quem estiver sentado à esquerda dos anfitriões fica destacado em segundo lugar. É de tradição os donos da casa ficarem à cabeceira da mesa, mas alguns preferem deixá-las aos convidados de honra. Usa-se também homenagear um casal mais velho, reservando a ele as cabeceiras.

Precedências

Uma das chaves do êxito de um jantar é que transcorra naturalmente, sem interrupções, a dona da casa, ao dar uma ordem à empregada, falando baixinho. Quando a copeira é bem treinada, basta um olhar para que compreenda uma indicação. É sempre conveniente haver um pequeno ensaio, descrevendo os convidados à empregada e quem são os mais importantes para respeitar precedências. Tradicionalmente, a convidada de honra é a primeira a ser servida. Há circunstâncias em que a dona da casa pode ser servida primeiro: quando ela for a única mulher numa mesa só de homens; se houver prato típico e ela desejar mostrar aos convidados como devem comê-lo.

Ordem de serviço

O serviço eficiente é resultado de racionalização. Mesas com mais de 10 convidados pedem dois garçons. Há várias opções de serviço.

Servir primeiro as senhoras e depois os homens, deixando a dona da casa como a última entre as senhoras; o anfitrião como o último dos senhores.

❏ Para o serviço ser mais rápido, numa mesa de 12 pessoas (Figura A, página seguinte), um garçom começa pela convidada de honra, segue o dono da casa, servindo até o convidado de honra. O segundo garçom inicia pela *hostess* e serve até o convidado à esquerda da convidada de honra.

H — Homem
M — Mulher
— Garçom

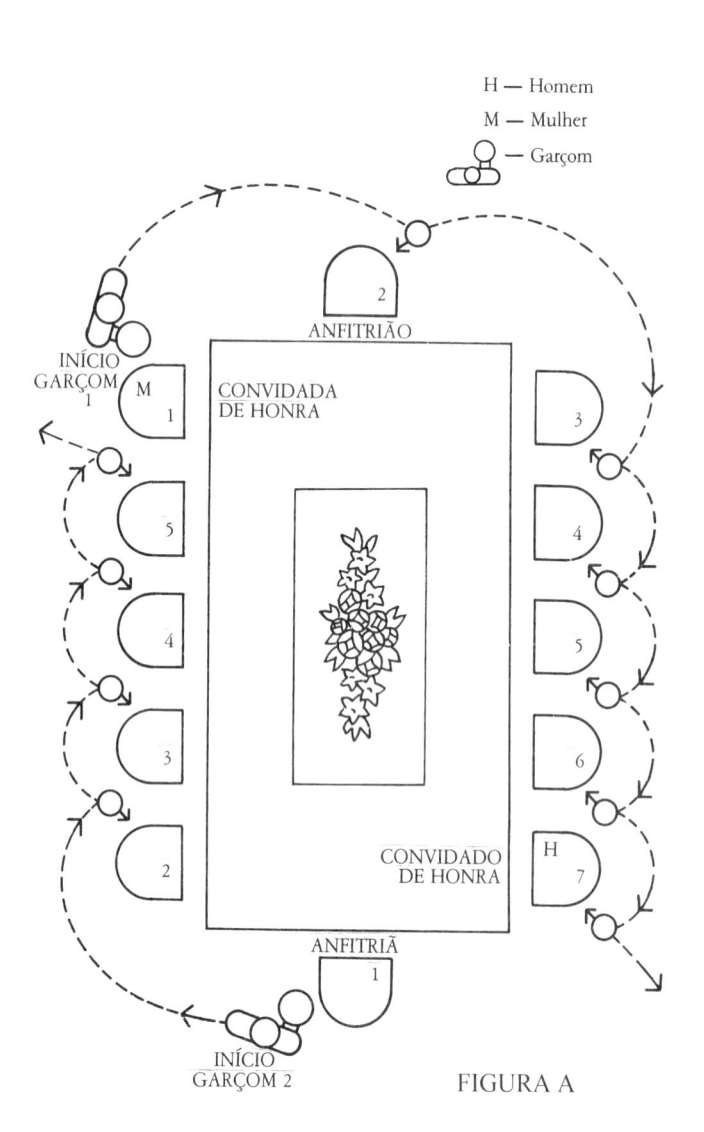

INÍCIO GARÇOM 1

ANFITRIÃO 2

M 1 — CONVIDADA DE HONRA

5
4
3
2

ANFITRIÃ 1

3
4
5
6
H 7 — CONVIDADO DE HONRA

INÍCIO GARÇOM 2

FIGURA A

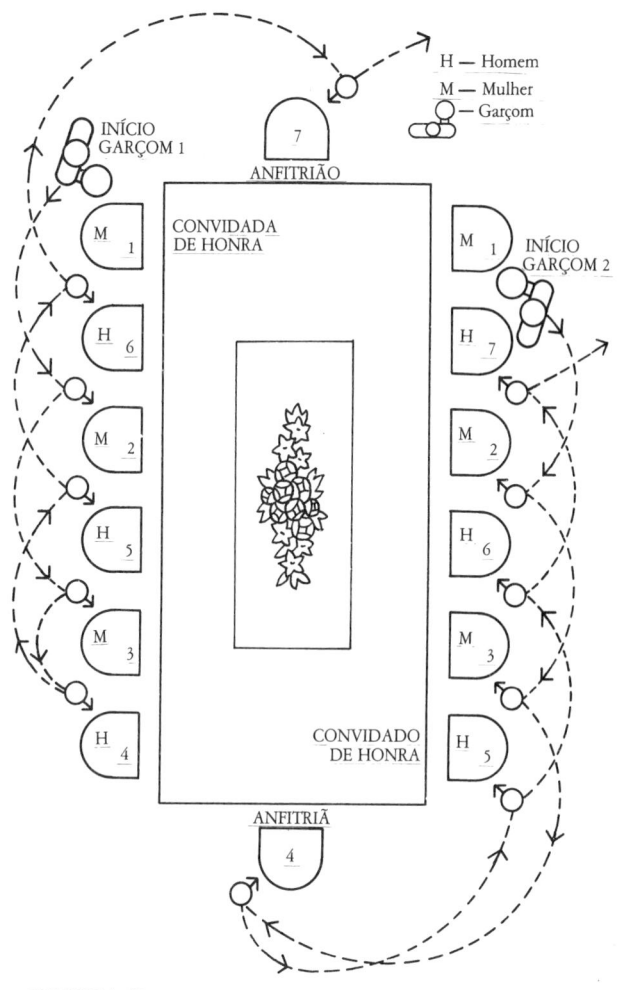

FIGURA B

❏ Havendo dois garçons, eles realizam serviço simultâneo. Na mesa com 14 lugares (Figura B), um começa pela convidada de honra e serve as senhoras, daquele lado da mesa, voltando pelo cavalheiro à esquerda da dona da casa até o anfitrião. O segundo empregado inicia pela senhora à esquerda do dono da casa, seguindo a direção dos ponteiros do relógio, até a *hostess*; serve depois o senhor à direita dela concluindo pelo cavalheiro que senta ao lado da convidada à esquerda do anfitrião.

Como servir

No serviço à francesa a travessa é apresentada pelo garçom ou a copeira à esquerda do comensal para que ele próprio se sirva. O empregado coloca a travessa sobre a mão esquerda, protegida por guardanapo dobrado, inclina-se ligeiramente, mantendo a travessa pouco acima da mesa. Se for ele que servir o convidado, está com colher e garfo na mão direita, usando os dois talheres grandes como alicate.

❏ Depois que todos tenham terminado de comer, o prato usado é retirado pela direita; o novo prato a ser usado é colocado pelo mesmo lado, não se deixando o lugar vazio. No serviço tradicional francês, o prato limpo é colocado pela esquerda do convidado, mas se tornou usual em serviços de categoria seguir a maior praticidade.

❏ Quando a sopa é servida pelo garçom na terrina, é pelo lado esquerdo do comensal, por ser mais prático. O mesmo ocorre em relação aos molhos, apresentados na molheira.

❏ O prato que já vem pronto da cozinha ou o que o garçom serve da travessa num aparador, próximo à mesa, é servido pela direita do comensal. O mesmo se faz com as taças de consomé.

❏ Bebidas são sempre servidas pela direita.

❏ Se a entrada for um prato frio, já poderá estar servida no pratinho menor, quando o comensal sentar-se à mesa.

❏ O prato fundo de sopa é apresentado sempre sobre prato raso e são retirados da mesa juntos, ainda que o prato raso seja colocado de novo para a comida que segue no cardápio.

❏ Um bom serviço não deixa vazio o lugar, e isto vale em relação ao último prato salgado e o pratinho da sobremesa que substitui aquele imediatamente.

Sem empregados

❏ A dona da casa deverá sentar-se à mesa no lugar mais perto da cozinha. Terá uma mesinha auxiliar, onde ficarão as travessas com a comida. Ela serve primeiro a convidada de honra, passa o prato servido a esta, recebe o prato limpo que estava no lugar e passa a servir o convidado à sua direita. É deselegante alcançar um prato, cruzando a mesa ou à frente de outra pessoa. Os comensais, sentados à mesa, vão ajudando a passar os pratos, evitando os cruzamentos.

❏ Mais fácil é colocar as travessas num aparador, pedindo a cada um dos convidados que leve seu prato até lá e sirva-se. Os anfitriões não oferecem comidas e bebidas em bandeja. As taças de consomê serão trazidas da cozinha na bandeja (se for de prata lavrada não precisa guardanapo) que será apoiada no móvel auxiliar para só depois serem alcançadas as taças, uma a uma.

❏ Quem recebe sem empregados não age como se os estivesse substituindo, andando em volta da mesa para servir. Todos colaboram gerando uma confraternização maior. À hora de trocar de pratos, eles serão alcançados à anfitriã que os disporá na bandeja sobre o móvel auxiliar, sem empilhar. Daí para a cozinha. Na volta, trará a sobremesa e, como os pratinhos e talheres já estão na sala de jantar, arranjar a mesa será fácil.

O cafezinho

Tudo foi calculado, terminando com o cafezinho (já estava pronto na cozinha numa térmica), de preferência servido fora da mesa do jantar, no living. A bandeja com as xícaras, o açucareiro e adoçante artificial pode ser colocada em cima de um móvel. O café vem no bule ou já servido nas xícaras, se a distância da cozinha for pequena e não houver perigo de chegar frio. No primeiro caso, a dona da casa é quem serve o café, passando a primeira xícara à convidada de honra; na segunda situação, as pessoas pegam sua xícara na bandeja. Enquanto isto, o dono da casa estará providenciando os licores para depois do cafezinho. Bombons concluem o cardápio.

Chá

A vida agitada, o fato de a maioria das mulheres trabalhar e a falta de pessoal doméstico são causas de o chá da tarde, em casa, ter saído dos hábitos sociais da classe média. Nossas ancestrais, nos anos 30, cultivavam o chá das cinco, muitas delas tinham até dia marcado na semana para receber. Três ou quatro amigas sempre apareciam, além das irmãs e primas, que não dispensavam o agradável convívio, entre o agitar das agulhas de tricô e as novidades da semana. À mesa, havia tortas, bolinhos e sanduíches e o chá preparado como merece.

Como preparar

A água fervente deve ser vertida em cima da erva (jamais o inverso), ficando em infusão por 3 minutos até servir. Com a facilidade do chá em saquinhos individuais, estes devem ser oferecidos numa bandejinha sobre guardanapo, em diferentes sabores. No bule haverá água fervente. Outra opção é o chá vir preparado no bule, mas sem as etiquetas saindo para fora da tampa: os saquinhos foram retirados na cozinha ainda, para a bebida não ficar muito forte.

Cardápio do chá social

Assim como no almoço e jantar, existe num chá completo, servido à mesa com os lugares marcados ou em bufê, uma seqüência a seguir:

> Sucos ou coquetel de frutas
> Sanduíches ou torta fria
> Chá
> Salgadinhos quentes e torradas
> Bolos e tortas
> Gelatina ou sorvete em taças
> Docinhos caramelados e bombons

A mesa

O mesmo esquema que pauta a mesa de almoço é seguido para a mesa de chá: colher e faca à direita, garfo à esquerda do prato individual. A colherzinha de chá no lado direito do pires, junto à xícara. Esta e o pires podem estar sobre o pratinho de sobremesa ou pouco acima, à sua direita.

Serviço

Independente do modo de servir, é de bom-tom ter um bule menor com leite quente e outro com água fervente junto ao bule grande do chá, para a pessoa dosar a bebida a gosto. Com a instituição do chá em saquinho, surgiram recipientes especiais para colocá-lo depois de usado, evitando que fique no pires. A forma mais comum é das tigelinhas com desenhos de bule em miniatura, de metal e porcelana. De uso individual, na mesa, ficam acima das xícaras, à esquerda.

Muito prático é o bufê. Deixam-se os bules (chá, leite, água) em cada extremidade da mesa, facilitando que as pessoas se sirvam. É delicado a própria dona da casa servir o chá, pedindo a uma amiga mais íntima que divida com ela esta responsabilidade.

Carrinho auxiliar

Seu uso preenche os requisitos básicos de um serviço para pouca gente no living. Bastam salgadinhos e uma ou duas tortas. Na parte superior, colocam-se o bule, as xícaras e os talheres, que serão logo distribuídos. Salgados e tortas que foram colocados na parte inferior do carrinho passam para cima.

Tradição inglesa

Um chá de qualidade, acompanhado de bolinhos com pouco açúcar, *scones*, para comer com geléias, manteiga e mel resumem o chá íntimo, como os ingleses cultivam. Famílias de ascendência portuguesa, no Rio Grande do Sul, costumavam praticar este ritual, às 10 horas da noite, final do dia em tranqüila confraternização. Oferecer um cálice de vinho do Porto à hora do bolo é um requinte quando faz frio.

Atitudes

❑ Quando a mesa (ou bandeja) for arranjada com pires e xícara sobre o prato de sobremesa, cabe à convidada deslocar os dois últimos elementos para a direita, um pouco acima do pratinho.

❑ Ao receber das mãos da dona da casa a taça de chá, a convidada não a passará a uma outra senhora, mesmo mais idosa. Seria uma indelicadeza com a *hostess*. Já com uma empregada, o gesto de atenção com a amiga é justificável.

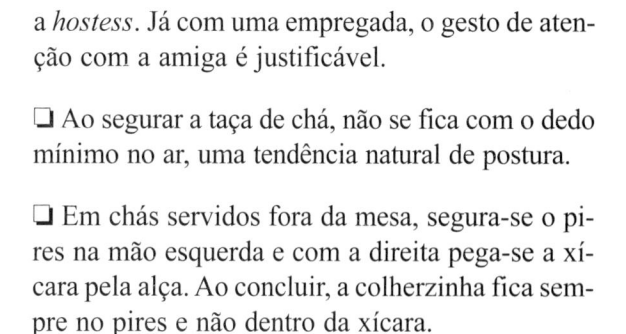

❏ Ao segurar a taça de chá, não se fica com o dedo mínimo no ar, uma tendência natural de postura.

❏ Em chás servidos fora da mesa, segura-se o pires na mão esquerda e com a direita pega-se a xícara pela alça. Ao concluir, a colherzinha fica sempre no pires e não dentro da xícara.

BRUNCH

Cultivado nos Estados Unidos, é uma fusão de *breakfast* (café da manhã) e *lunch* (almoço). O hábito surgiu aos domingos, quando as famílias voltavam da igreja. Seu horário ficou estipulado entre 10 e 15 horas. Está sendo adotado no Brasil, em alguns restaurantes de hotéis de categoria internacional e casas refinadas.

Cardápio

Sob inspiração dos refinados cardápios de hotéis de Nova Iorque e Nova Orleans, reconhecidos mundialmente pela categoria do *brunch* que apresentam, pode-se fazer um pequeno e delicioso *brunch* doméstico.

Concentrando um pouco de almoço e um pouco de café da manhã, o *brunch* é servido em bufê:

salgados numa mesa; doces e bebidas em outra. Coquetéis de fruta, café com leite, chocolate e chá; pães e fiambres abrem o cardápio. Maioneses, peixes e aves defumadas fazem parte dos salgados frios; especialidades em ovos cozidos com molho branco gratinado, suflês e quiches (tortinhas salgadas de massa folhada) são os pratos quentes. Uma série de tortas de frutas e chocolate, mais as frutas da estação complementam. O *brunch* é uma refeição em que cabe servir champanhe.

ATITUDES À MESA

É a *hostess* que mostra os lugares à mesa, quando não houver cartõezinhos com o nome das pessoas indicando. As senhoras vão sentando, ajudadas pelos cavalheiros que afastam a cadeira, pela direita. Eles só sentam depois da dona da casa. A postura na cadeira deve ser cuidada, costas retas, braços mantidos junto ao corpo (sem levantar os cotovelos) e os pulsos apoiados na mesa, enquanto não se estiver comendo.

O guardanapo é logo colocado sobre os joelhos, conservando-se uma ou duas dobras, para não escorregar facilmente. Se isto acontecer, espera-se que o garçom levante o guardanapo do chão e o substitua por outro. Ao final da refeição, deixa-se o guardanapo usado, na mesa, à esquerda do prato, sem dobrar.

É a dona da casa que começa a comer, mas, caso ela insista, alegando que a comida vai esfriar, os comensais iniciam vagarosamente, até que todos estejam servidos.

Manuseio dos talheres

❏ Havendo dúvida quanto ao talher correspondente ao prato servido, observa-se o que as pessoas experientes estão fazendo. Numa mesa bem posta, a ordem de usar os talheres é sempre de fora para dentro, de acordo com a seqüência dos pratos.

❏ Pega-se a faca com os dedos polegar e indicador, e o médio no cabo, evitando colocar o dedo na lâmina (Figura I).

FIGURA I

❏ Quando se come só com o garfo, ele fica com a parte côncava para baixo, segura-se com a mão direita fechada, o dedo médio como apoio do polegar e o indicador firmando o cabo (Figura II).

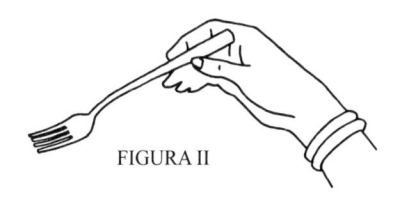

FIGURA II

❏ Ao usar os dois talheres para cortar a carne, o garfo está na mão esquerda, com a parte côncava do talher para cima, o dedo indicador apoiado acima do cabo. É a única maneira correta de pegá-lo para esta operação (Figura III).

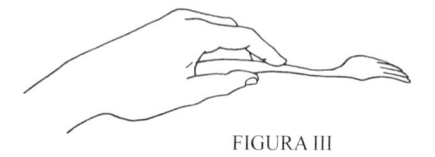

FIGURA III

❏ Se for usado simultaneamente com a colher, ele fica na mão esquerda, serve apenas para firmar. Ajuda a colocar o alimento na colher e esta é que é levada à boca. É como se come compota de pêssego (Figura IV).

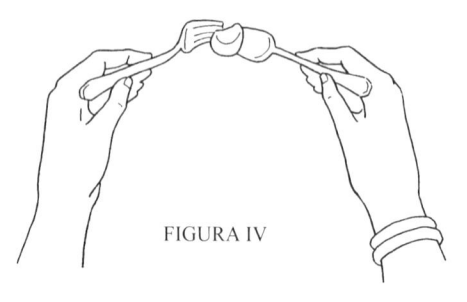

FIGURA IV

❏ A etiqueta européia indica o manuseio de garfo e faca juntos, mas os americanos difundiram o hábito de deixar a faca descansando sobre o prato, pouco acima à direita, sempre com o fio para dentro, enquanto o garfo passa para a mão direita. É comum de ver na mesa de brasileiros. Quem deseja um desempenho mais elegante ao comer, usará, no entanto, os dois talheres, adquirindo naturalidade através da prática no cotidiano (Figura V).

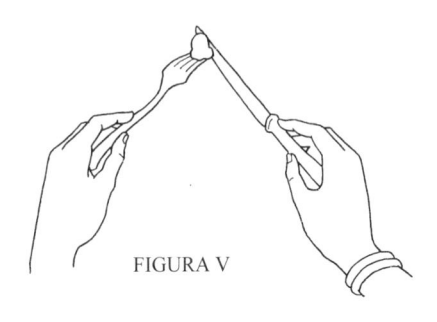

FIGURA V

❏ Ela se destina não só a cortar carnes como a ajudar a prensar o purê sobre o garfo com a parte côncava para cima, prensando no alimento pastoso algumas ervilhas que fizerem parte do prato principal e outros pedacinhos de alimento.

❏ Jamais se leva a faca à boca.

❏ Corta-se a carne um pedaço de cada vez e não tudo junto para comer depois, descansando a faca. Com talheres de peixe se procede da mesma forma.

❏ Segura-se a colher com a mão direita, pela parte mais elevada do cabo e não junto à base. Ela deve ser levada à boca sempre pela lateral, evitando-se a ponta, como faziam antigamente. Este é um dos exemplos de gestos mais simples que a etiqueta absorve em sua evolução.

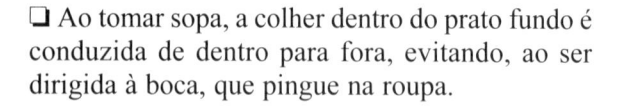

❑ Ao tomar sopa, a colher dentro do prato fundo é conduzida de dentro para fora, evitando, ao ser dirigida à boca, que pingue na roupa.

❑ Quando se trata de taça de consomê, ao terminar, a colher fica no pires. O mesmo se aplica a colheres de sobremesas que vêm em taças sobre pratinhos.

❑ Os talheres, em descanso, não ficam com os cabos apoiados na mesa, mas no prato, o garfo com a parte côncava para cima (Figura VI).

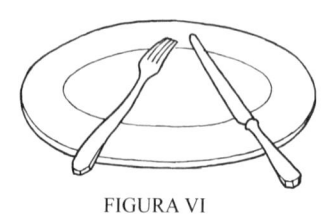

FIGURA VI

❑ Não se gesticula com o talher na mão. Quando se descansam os talheres, garfo e faca ficam dentro do prato, em diagonal, garfo à esquerda e faca à direita, sem apoiar os cabos na mesa.

❏ Uma etiqueta mais tradicional preconiza que se deixem os talheres trançados, a faca entrando nos dentes do garfo. É um sinal para que o garçom saiba que ainda não se terminou de comer. O final é indicado com os dois talheres paralelos sobre o prato, a faca com o fio para dentro, o garfo com a parte côncava para baixo. Sinal para retirar o prato (Figura VII).

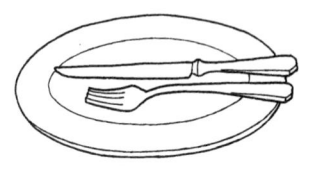

FIGURA VII

❏ Recomenda-se que as pessoas canhotas usem os talheres como estão habituadas. É deselegante, porém, num jantar de cerimônia, o canhoto, ao sentar, trocar logo o lado dos talheres na mesa, antes de começar a comer. A atitude será tomada discretamente.

Bebendo

Quando for servido o vinho, pode-se discretamente agradecer, fazendo sinal com a mão que não se deseja beber, evitando terminar um jantar com os cálices cheios. Tal atitude seria uma falta de consideração com aqueles que proveram a bebida de qualidade. O sinal ao garçom é dado, mas não se toca com os dedos na borda do cálice ao recusar o vinho ou indicar a quantidade desejada.

Não se toma vinho branco e tinto ao mesmo tempo; primeiro um e depois o outro. Num serviço perfeito, não há oportunidade de isto acontecer, pois o cálice do primeiro é retirado ao servir o tinto.

Bebendo, a cada vez, deve-se antes passar o guardanapo nos lábios, para evitar nódoas de gordura da comida no cálice. O mesmo procedimento se segue prevenindo marcas de vinho na boca. Segura-se o cálice pela haste.

COMO COMER CERTOS ALIMENTOS

O nível cultural de um indivíduo, seu trânsito em mesas mais refinadas e até o fato de viajar e manter convivência com hábitos alimentares de outras regiões do mundo são dados que o comportamento à mesa revela. Há alimentos que representam testes infalíveis para medir as boas maneiras, mas, quando não se sabe como agir diante de um prato servido, pergunta-se com naturalidade à quem sabe. Em ocasiões de mais cerimônia, segue-se o exemplo dos companheiros de mesa.

Nem sempre se dispõem de utensílios específicos para comer certos alimentos. É o caso da pinça para fixar a concha do escargot ou o garfinho para ostra. Daí a necessidade de atitudes mais flexíveis. Muitas vezes, a etiqueta recomenda comer com as mãos, o que torna natural usar a lavanda para molhar os dedos, ao final, enxugando-os com o guardanapo.

Aspargo

Preparado fresco é apresentado ao molho de manteiga e comido com a mão. Pega-se pela extremidade mais rija e come-se a parte tenra, deixando num canto do prato a região fibrosa. Existem pinças específicas para comer aspargos, mas é raro encontrá-las num serviço.

Alcachofra

É servida com molho quente ou fria ao vinagrete. Come-se com a mão e os talheres. Com os dedos retiram-se as folhas, uma a uma, mergulhando sua extremidade tenra no molho, pois só ela é comível. A parte descartável fica no canto do prato. À proximidade do núcleo da alcachofra, as folhas vão ficando menores e são retiradas delicadamente com o garfo para deixar exposta a parte mais gostosa que é o coração, saboreado com ajuda de garfo e faca.

Alface

A antiga etiqueta à mesa proibia cortar as folhas com a faca, recomendando partir com o garfo. Hoje isso é admitido. Bem melhor do que colocar uma folha grande na boca ou tentar dobrá-la com a ajuda de garfo e faca para comê-la.

Azeitonas

São servidas sem caroço, graças a um aparelho especial que faz a remoção. Entretanto, quando não houve este cuidado na cozinha, come-se a azeitona e coloca-se a mão, em concha, junto da boca, para recolher o caroço, deixado no canto do prato.

Caranguejo

O modo de comê-lo é parecido ao da lagosta. Com os dedos, removem-se as patinhas (Figura I) e suga-se, silenciosamente, a carne.

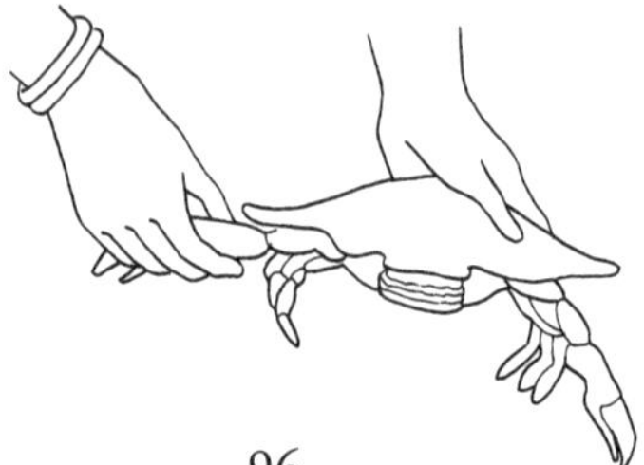

FIGURA I

Com o garfinho de ostras, retira-se a carne debaixo da casca (Figura II), colocando um pouco de molho e levando o pedaço à boca com o mesmo talher.

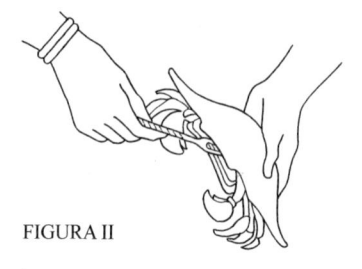

FIGURA II

Retira-se, com as mãos, o restante da carne contida debaixo da casca (Figura III) e coloca-se no prato, partindo em porções, para comer com os dedos e o garfinho.

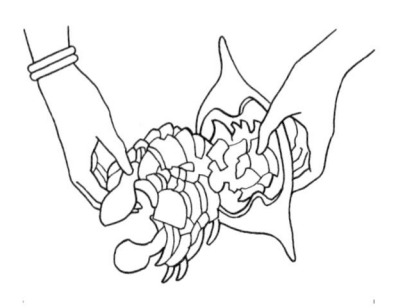

FIGURA III

Caviar

É servido sempre gelado, num recipiente de vidro disposto em suporte de metal onde é colocado gelo picado. Come-se o caviar colocando-o com uma faquinha sobre torradinha. O caviar é acompanhado de ovo cozido picado e cebola ralada, apresentados em pratinhos. Outro modo de comer caviar é com garfo e faca, sobre *blinis*, uma minipanqueca. As bebidas adequadas para acompanhar: vodca ou champanhe.

Ervilhas

Garfo na mão esquerda apoiado no prato; com a faca se vai prensando as ervilhas sobre os dentes do talher, a parte côncava para cima.

Escargô

É um molusco que vem sendo incorporado, pouco a pouco, à mesa mais requintada do brasileiro. Pode ser uma entrada, apresentado em sua própria concha ou numa concha em caracol, de porcelana, distribuído em travessas refratárias com espaço para seis ou mais escargôs servidos bem quentes. Fixa-se a concha com a pinça e, com a outra mão, retira-se o escargô usando um garfinho. O delicioso molho que fica no prato pode ser saboreado em pedacinhos de pão nele embebidos.

Fondue

De origem suíça, as fondues, tanto de queijo como de carne, são servidas na panela sobre o *réchaud*, o fogareiro que fica no centro da mesa. É um serviço informal, em que todos comem de uma mesma panela. Pratinhos com garfo e faca ficam diante dos convivas.

Na fondue de queijo, mergulha-se o pedaço de pão na panelinha fumegante com o garfo longo que, em geral, tem um lacinho de fita em cores diferentes para cada pessoa estabelecendo a identificação do talher. O pão embebido no queijo é levado ao prato e comido com os dois talheres, porque o garfo longo não é levado à boca. O mesmo se faz com a fondue de carne, usando o garfo longo para fritar na panela sobre o *réchaud* o pedacinho de carne e levá-lo ao prato individual onde será envolto em molhos picantes e comido com garfo e faca. A mesma coisa se faz com os pedaços de frutas mergulhados na fondue de chocolate, sobremesa ideal para inverno. Em alguns serviços mais simples de fondue, entretanto, aparecem só os garfos longos.

Com a fondue de queijo, o ideal é servir vinho branco; a de carne pede vinho tinto e a de chocolate fica ainda melhor se houver um cálice com licor para acompanhá-la.

Frango

Não se come com as mãos, por mais descontraída que seja a mesa. Usam-se garfo e faca. Em último caso, para não deixar constrangidas as pessoas que não usam os talheres, pega-se a asa ou a coxa com o guardanapinho de papel.

Lagosta

Em mesas mais formais, ela não é servida na casca; quando é comida com as mãos, utiliza-se o garfinho de ostra com a ajuda de uma espécie de alicate ou quebra-nozes. Este funciona para destacar as articulações. Nos bons restaurantes é fornecido um babador de papel para proteger a roupa e, ao final, é apresentada a lavanda. Pega-se a casca da lagosta com a mão esquerda e com a direita retiram-se os seus tentáculos (Figura I).

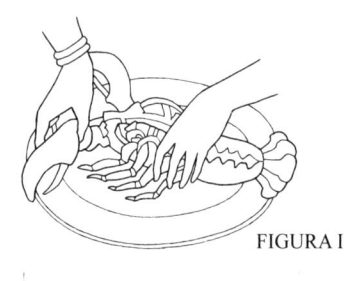

FIGURA I

Parte-se o crustáceo ao meio, sempre com as mãos. Destaca-se a cauda do corpo, puxando com os dedos. Para as patinhas, usa-se do mesmo procedimento ou parte-se as articulações com o alicate (Figura II). Suga-se a carne silenciosamente.

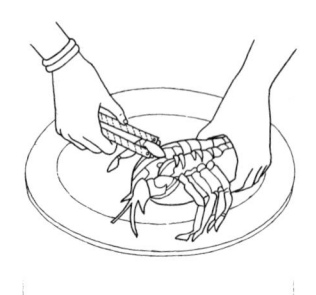

FIGURA II

Com o garfinho come-se a carne do corpo do crustáceo, desprezando a parte esverdeada. (Figura III).

FIGURA III

Massa

Cortar o espaguete é uma ofensa para quem o preparou. Enrola-se a massa no garfo, fazendo o movimento rotativo com os dentes do talher apoiados no prato e a massa absorvendo o molho. Pessoas bem-educadas não usam ajudar o garfo com a colher na mão esquerda, levando a massa à boca com o garfo. Em algumas mesas rústicas italianas, comem o talharim apenas com colher, mas além de complicado não é elegante.

Milho

Come-se habitualmente com a mão, fixando a espiga, por suas extremidades, entre o polegar e o indicador. Mais prático é usar estiletes de metal ou em plástico descartável fabricados para este uso e que se encontram com facilidade no comércio.

Mexilhões

Quando servidos em suas conchas, são comidos com garfinho especial. Pega-se com a mão esquerda e com a faca, na direita, abre-se cuidadosamente a concha, retirando com o garfo o mexilhão. Outra maneira é usar de uma metade de concha que, por ter a borda cortante, facilita a retirada do mexilhão de sua própria concha.

Ostras

Servidas fora da concha, são comidas com talher de peixe. Quando apresentadas dentro das conchas, sobre gelo, são abertas com as mãos. Tempera-se com limão e a ostra é comida com o garfinho especial. Ao final, usa-se beber, na própria concha, o delicioso extrato ali concentrado. Champanhe é a bebida mais indicada para acompanhar ostras.

Pão

O pãozinho do couvert é sempre partido com os dedos, vez por vez. A faquinha só servirá para passar a manteiga ou o patê. Ao desejar honrar um bom molho, pode-se colocar um pedacinho de pão no prato, fixá-lo com o garfo e passá-lo pelo molho. Em mesas de cerimônia, este procedimento não é adequado.

Patê

Tanto pode ser apresentado em fatias – patê Madame, patê au Champagne e outros –, comido com garfo e acompanhado de pão, ou untado sobre o pedacinho de pão, a cada vez. Vinhos brancos e champanhe acompanham os patês mais suaves, porém um *patê en Provence* fica delicioso com vinho tinto.

Queijos

Cortam-se com faquinha especial em pedaços pequenos, um a um, que ficam sobre torrada, bolachinha ou pedaço de pão, comidos com a mão. Os apreciadores costumam saborear um Camembert com sua crosta esbranquiçada, cortando-o na forma de V. Um bom queijo não deve ser oferecido muito gelado, mas fresco. Ao se servir de uma tábua de queijos, não se deve esquecer que os mais leves precedem os mais temperados. Boursin, Camembert, Gouda e Danablu, por exemplo, formam uma boa combinação numa tábua. Brie, Saint Paulin, Munster e Roquefort, outra. É importante degustar os queijos com vinhos escolhidos.

Um dos motivos de o queijo preceder a sobremesa no cardápio é para se seguir tomando o vinho da refeição. Em geral, os vinhos brancos casam bem com os queijos mais suaves como um Prato, requeijões, queijos de leite de cabra ou o Tilsit. Queijos fortes, como o Roquefort, pedem vinhos tintos encorpados. O vinho do Porto também é recomendado para tomar acompanhando queijos, especialmente com o Stelton, um queijo inglês, ou um Cheddar.

Ao organizar uma mesa de queijos e vinhos, além dos pães, manteiga, frutas frescas como a uva, calcula-se ¾ de garrafa de vinho e 300 g de queijo por pessoa.

Frutas

Quando frescas, são apresentadas bem lavadas. As uvas, sobre gelo moído. Muitas vezes, garfo e faca para fruta vêm num prato de sobremesa sobre o qual está a lavanda com água morna. Como se procede? A faca vai para a direita e o garfo à esquerda do prato na mesa; a tigelinha é deslocada para a esquerda do prato, no lugar onde estivera o pratinho do pão. Depois de comer a fruta é usar a lavanda com naturalidade.

Num clima tropical como o nosso, as frutas usufruem cada vez de maior prestígio como parte de um bufê entre saladas e crepes. Geralmente as frutas são apresentadas artisticamente em grandes pratos ou tigelas de vidro, cortadas em pequenos cubos como a melancia e o abacaxi. É para comer com garfinhos de aperitivos ou com um bambu. Oferecer frutas com palitos é de mau gosto numa festa. Para isso existem garfinhos descartáveis, do tipo para petiscos.

Abacaxi – Na mesa, é apresentado descascado, em rodelas. Com garfo e faca vai-se comendo aos pedaços, deixando, ao final, a parte rija correspondente ao talo central.

Abacate – Quando a fruta é apresentada inteira, usam-se garfo e faca. Parte-se ao meio com a casca, tira-se o caroço; vai açúcar em cima da polpa e esta é comida com garfo e faca ou, em refeições muito íntimas, com a colher.

Banana – O modo vulgar é comê-la com as mãos, como macaco. O correto é usar talheres: o garfo fixa a banana no centro, cortam-se suas duas extremidades e dá-se um corte com a faca em seu sentido longitudinal, descascando a fruta com os dois talheres. Come-se até o fim só com o garfo, em rodelas.

Laranja – Se não vier à mesa já descascada e inteira para comer com garfo e faca, é descascada da seguinte maneira: cortam-se a calota inferior e a superior. Esta é fixada pelo garfo no alto da fruta, enquanto com a faca ela vai sendo descascada em pedaços, de cima para baixo.

Morangos – Graúdos exigem garfo e colher, para não escorregar no prato.

Manga – É cortada dos quatro lados do caroço. Firma-se a fruta, no prato, com o garfo, e raspa-se a polpa com a faca para comer então com o garfinho.

Pêra – Corta-se em quartos com garfo e faca. A seguir, fixa-se o garfo na extremidade de um dos quartos mantendo-o um pouco acima do prato. Descasca-se e parte-se a fruta no prato, comendo os pedaços com o garfo, como se procede com a maçã. Sem cerimônia, usa-se comer um quarto de pêra ou de maçã com as mãos mesmo.

UVAS – São comidas com os dedos. Retira-se a uva do cacho e come-se uma a uma. Com a mão em concha junto à boca, recolhem-se as sementes, que são colocadas no prato. Ameixas, cerejas, amoras e jabuticabas comem-se do mesmo jeito.

III
Festas

Coquetel

A origem da palavra inglesa *cocktail* (rabo de galo) é anglo-saxônica e bastante discutida. Existem várias anedotas a respeito. O inglês Thakeray conta que as rinhas de galo eram acompanhadas por grandes bebedeiras e que o último drinque que os espectadores tomavam era sempre à saúde do rabo do galo vencedor. Mas a grande difusão do coquetel na Europa deve-se aos americanos, durante a exposição de 1889, em Paris. Nos bares parisienses e nos pubs londrinos, os coquetéis foram conquistando as preferências e a coqueteleira tornou-se utensílio indispensável num bar.

A recepção

Hoje, recebe-se amigos para uma reunião informal ou uma grande festa tomando coquetéis, uísque ou uma taça de champanhe. O aspecto leve e a própria agitação implícita no coquetel passaram também a definir um tipo de reunião social mais rápida em que as pessoas ficam de pé, circulando por entre os vários grupos, falando com todo o mundo, o que não acontece quando se está à mesa. É também o tipo de festa onde menos se tem oportunidade de apertar a mão dos amigos ou ter manifestações mais efusivas, já que todos estão sempre de copo na mão.

Horário

Ao fazer convite para um coquetel, quer seja de viva voz ou por escrito, deixa-se claro o horário, determinando um limite de tempo que não ultrapasse duas horas. O horário mais comum é no começo da noite, ocasião para vernissages, lançamentos de coleções de moda, encontros políticos e profissionais, promoções do corpo diplomático em datas festivas e outras motivações.

Se o coquetel for em torno de um homenageado, este deve chegar pouco depois do horário estipulado, quando já houver um número grande de convidados. Em compensação, deve-se esperar que o homenageado se retire para então deixar o ambiente, o que exige daquele a sensibilidade de sair alguns minutos antes do horário limitado pelo convite. Não se estende a permanência num coquetel além do horário estipulado: é de se supor que os próprios anfitriões tenham compromissos para depois.

Estilo de conversa

Os anfitriões estarão próximos da porta de entrada ao receber seus convidados e, por isso mesmo, no início da reunião terão poucas condições para fazer apresentações. No clima informal que caracteriza um coquetel, as pessoas acabam se entrosando e se apresentando. Assuntos mais pesados não cabem durante um coquetel, não sendo aceitável que alguém monopolize um convidado, pois a regra nesse tipo de festa é circular, tentando conversar com a maioria dos presentes. Ao falar por algum tempo com uma pessoa, procura-se logo formar uma roda, sendo correto pedir licença ao se deslocar para outro grupo. Não se deixa alguém sozinho, confiado à sua sorte, mas, nestes casos, pessoas bem-humoradas acabam se ambientando até com outras que estejam na mesma situação. Quando uma pessoa se chega a um grupo é de bom-tom, após os cumprimentos, informá-la em breves palavras sobre o que se estava falando.

Despedida

Ao aproximar-se o horário limite, os anfitriões ficam de novo próximos da porta. Os convidados despedem-se deles, mas se não estiverem por perto podem sair à francesa, isto é, sem se despedir. Toda vez, no entanto, que um coquetel for realizado em residência, um convidado não sai sem falar com os donos da casa.

Coquetel com prato quente

O *cocktail* é uma festa mais informal onde são servidos drinques e salgadinhos e que pode ter bufê seguido de prato quente (*cocktail souper*). Nestes casos, os drinques não demoram mais de 45 minutos. Uísque, coquetéis, champanhe com licor de Cassis e vinho do Porto, acompanhados de salgadinhos, são apropriados. Também se pode servir apenas champanhe como bebida alcoólica.

É imprescindível incluir bebidas sem álcool nas bandejas e os coquetéis de frutas são opções múltiplas a serem exploradas, também pelo visual atraente que propiciam.

Não podem faltar copos com água gelada em meio aos drinques. Mais agradável é oferecer água com gelo e uma rodela de limão. Em coquetéis íntimos, não havendo pessoal de serviço, a dona da casa não usará salva ou bandejinha para oferecer o copo de água.

Como tudo é mais rápido num *cocktail souper*, em vez de sobremesas tradicionais que exigem serviço, usa-se oferecer, ao final, docinhos finos, comidos com a mão.

O preparo

Não é recomendável preparar coquetéis com antecedência, isto só é viável quando se trata de mistura de bebidas que não se separam e sem gelo. Deixar gim e vermute com gelo numa jarra é estar servindo mais tarde um drinque aguado. Coquetéis com frutas, creme de leite, ovo e outros ingredientes que se separam devem ser batidos na hora. Não se bate demasiado para não quebrar a pedra de gelo, o que torna a bebida aguada.

Alguns drinques têm a borda do copo umedecida em suco de limão e depois passada num pratinho com açúcar. São os *sauers*, dos quais o *uísque sauer* é o mais conhecido.

Há referências freqüentes para drinques considerados femininos. Que as mulheres têm a tendência de não apreciar bebidas secas é verdade, mas não se pode generalizar. Hoje, um *dry Martini* (gim e vermute branco seco) agrada tanto aos homens como a elas. É freqüente também ver uma senhora abrir mão de um coquetel por um *on the rocks* (uísque com gelo).

Salgados

Patês passaram a ocupar lugar privilegiado entre os salgados que acompanham coquetéis. São servidos pelo garçom sobre a torradinha que o convidado segura, mas também se costuma oferecer salgadinhos quentes. Guardanapos, em tamanho menor que os de mesa, são fundamentais, admitindo-se o guardanapo de papel sobre o qual apóia-se uma torradinha ou o próprio cálice gelado. Ao fazer a seleção de canapês e salgados, evitam-se as pastas muito temperadas que incluam alho ou cebola, tendo em vista que as pessoas falam sempre muito próximas às outras. Aqueles temperos interferem no hálito.

Bar doméstico

Se, em geral, são os homens que melhor desempenham as funções de *barman*, há mulheres que sabem o que é um drinque de classe. Quem recebe freqüentemente deve ter seu bar equipado.

Diante dos convidados estará uma bandeja com as bebidas disponíveis (uísque, gim, conhaque, rum, vermutes, sucos de frutas), junto ao balde de gelo e sua respectiva pinça, mais a garrafinha de angustura, o limão cortado em gomos, açúcar e sumo de limão. Água mineral natural, gaseificada e água de soda devem estar à mão.

Da lista básica de utensílios de bar fazem parte: coqueteleira (*shaker*), abridor de garrafa, mexedores, medidor, espremedor de limão, coador e um copo de bar. Alguns guardanapos de bar também são necessários.

Copos

Saber escolher o copo adequado é valorizar o drinque. Coquetéis de champanhe podem ser servidos nas taças específicas para champanhe; o conhaque tem seu copo bem conhecido, bojudo que permite aquecer a bebida com a mão; a vodca tem copo específico, estreito e com base sólida, pois a bebida é servida geladíssima. Os mais tradicionais copos de vodca contêm um pequeno cálice para a bebida dentro do copo propriamente dito, que tem em sua base um depósito para gelo moído.

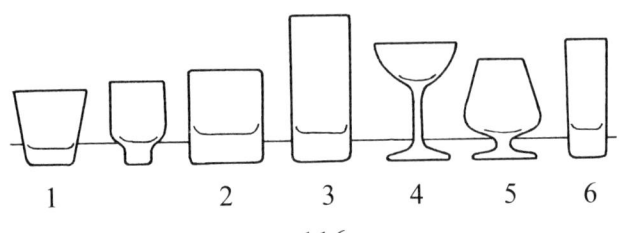

1   2   3   4   5   6

1. Copos menores para os aperitivos servidos gelados.

2. *Old Fashioned*, a base e a boca igualmente largas para receber bastante gelo em cubo. É como se serve uísque *on the rocks*.

3. *Long Drink*, copos altos para bebidas que são complementadas por sodas, sucos de frutas e gelo.

4. Cálice com pé para que a mão não aqueça o coquetel servido com um ou dois cubinhos de gelo.

5. Conhaque, a base mais larga para a mão envolvê-la, aquecendo a bebida.

6. Vodca, a parte inferior mais pesada.

Promoção beneficente

A mulher que freqüenta a sociedade pode ocupar liderança em diferentes grupos. Vê-se freqüentemente na contingência de ser patronesse de uma promoção beneficente, envolvendo entidades de ação comunitária. Um bom treinamento para isso pode ser feito ainda nos bancos escolares, quando as garotas são envolvidas na organização de festinhas internas. Não é preciso ser uma socialite para se ver chamada a colaborar numa promoção. Como todo empreendimento, sua organização precisa ser administrada em seus aspectos econômicos e na criação de elementos de atração para a festa.

Liderança

Onde muita gente manda ao mesmo tempo há confusão. Daí a necessidade de ser formada uma comissão coordenadora da festa, não mais de seis senhoras, que fazem a distribuição de funções, envolvendo mais colaboradores. O motivo da recepção é o ponto de partida. Se o evento tiver caráter beneficente, o aspecto financeiro toma importância maior. É o momento de levar em conta os recursos do meio e isto significa pôr em movimento o relacionamento que algumas senhoras podem ter com possíveis patrocinadores de despesas. Não abrindo mão de uma bonita festa com um atraente show, os organizadores, coerentes com os objetivos do evento, têm condições de realizar uma promoção beneficente de alto nível com uma contribuição expressiva à entidade.

Patronesses

Ao escolher o tipo de promoção – chá, sessão de cinema, que pouco trabalho dá para organizar, jantar com danças, show ou concerto –, a comissão central do evento já estará avaliando os recursos a levantar. É quando surge a lista das patronesses, daquelas que não só vendem os ingressos, somando com seu nome maior prestígio à festa, como participam e ajudam a receber, porque uma patronesse será sempre a anfitriã daqueles para quem vendeu os convites.

Ao selecionar as patronesses é importante que pertençam a grupos diferentes, o que facilitará a venda dos ingressos, abrangendo mais senhoras.

O número delas terá relação com o de participantes da festa, cabendo uma média de 10 ingressos para cada uma vender. E aqui há um aspecto importante a ser levado em conta: é perigoso vender centenas de convites para firmas comerciais distribuírem entre seus colaboradores. Muita gente não vai e corre-se o risco de um teatro vazio, quando se trata de um concerto ou um espetáculo teatral.

Ingressos

Com antecedência de duas a três semanas, é marcada a reunião das patronesses para a distribuição dos ingressos a serem vendidos. É importante que o convite a uma senhora para participar de uma promoção seja feito de viva voz, por telefone, com a data da reunião e o horário, fixado num período de no mínimo duas horas, para que ela retire seus ingressos. Estes são entregues dentro de envelope padronizado como o nome da patronesse escrito à mão e o número de ingressos. Incluir texto com informações sobre os objetivos da entidade beneficiada também ajuda na motivação.

Na mesma reunião, fica marcada a data para a prestação de contas.

A patronesse entregará à pessoa credenciada o envelope com o cheque ou dinheiro em espécie correspondente aos ingressos vendidos e os que sobraram, incluindo seu cartão de visita.

Nenhuma patronesse é obrigada a vender todos os ingressos, mas ficará, no mínimo, com dois.

Divulgação

Conseguir espaço na mídia é importante para uma festa beneficente e de grande auxílio às patronesses. Quando é marcada a reunião de distribuição dos envelopes com os ingressos, já deve ter saído uma nota na imprensa com os referenciais da promoção e o nome da comissão organizadora. Telefonar para um cronista pedindo que divulgue o evento e ainda a recomendação "Durante a semana volte a dar notinhas lembrando" nem sempre funciona. O ideal é telefonar ao jornalista falando da promoção e avisando que ele vai receber notícia por escrito. Estas notas datilografadas, com todos os dados que constam no convite impresso e mais detalhes serão escritas em folha de papel ofício, mesmo que o texto seja pequeno, com a data do dia da emissão. É preferível mandar uma nota a cada dois dias do que duas numa só remessa.

Quem solicita a divulgação agradece de próprio punho no seu cartão de visita, colocado dentro do envelope maior com a notícia. O jornalista receberá dois convites, com o preço riscado à tinta.

Lugares em destaque

Em toda promoção beneficente, inclusive em teatro, se deve marcar os lugares de honra. É sempre à direita da presidente da entidade beneficiada o destaque maior. A mesa de honra, num chá ou jantar, é colocada de frente para a entrada do salão. Fazem exceção os casos com shows e desfiles, quando a mesa das pessoas mais importantes ficará em local que permita melhor visibilidade e seja visível para quem entra no recinto. Em geral, fica situada na lateral do salão.

Cabe aqui uma referência aos lugares para a imprensa. Usar mesa especial reunindo todos os jornalistas pode ser a solução mais fácil para a comissão organizadora, mas não a mais objetiva, tendo em vista que um jornalista comparece para colher informações. Por isso, é mais conveniente distribuí-los separadamente, em mesas lideradas por organizadores do chá ou jantar com quem podem trocar idéias para enriquecer suas notícias.

As mesmas regras básicas de cortesia seguidas, quando se recebe em casa, devem ser acatadas pelas patronesses durante a festa beneficente.

Atrações

Organizar uma festa é como montar um espetáculo que mantém um ritmo crescente de interesse na sua seqüência de atrações. Num chá com desfile de moda também segue-se esse princípio.

O horário é importante. Logo que for servido o chá, evitando-se o vaivém dos garçons, começa o desfile, que não deve ser muito longo. Cinqüenta minutos é um bom limite para manter o interesse e evitar que as senhoras, olhando inquietas os relógios de pulso, saiam na metade. O mesmo ocorre com sorteios, que devem ser poucos até para valorizar os brindes.

Retribuição

Alguns dias após o evento, feito o balanço geral, a comissão organizadora enviará à imprensa e aos principais colaboradores uma carta digitada, devidamente assinada, comunicando o resultado financeiro e agradecendo a ajuda. Esta é uma forma de proceder de senhoras com liderança social, mantendo-se à vontade para novas realizações.

DEBUT

Os hábitos dos jovens mudaram muito no final do século 20 e uma maior liberalidade, em todos os níveis, vem pautando a vida dos adolescentes. Mesmo assim, alguns clubes ainda realizam o Baile de Debutantes, nada mais que a apresentação oficial de uma garota à sociedade. Ele se espelha na tradição dos grandes bailes na ópera de Viena e Monte Carlo, na noite de caridade de Rainha Charlotte realizada em Londres ou nas memoráveis festas de Nova Iorque e Boston. Se essas grandes galas passaram a ser exceções, nem por isto deixaram de existir na Inglaterra as *finishing schools* que os franceses chamam cursos de *maintain*, escolas de aprimoramento social e elegância na postura para as mocinhas de boas famílias em idade de iniciar seus compromissos sociais. No Brasil, isto ocorre na faixa de 13 a 15 anos; na Europa, é três anos mais tarde, em decorrência da educação mais rigorosa dada às meninas.

Novas amizades

A programação em torno do debut – os cursinhos de etiqueta no clube, que abrem o círculo de relação das meninas – significa uma fase divertida que envolve toda a família de uma mocinha. Na Inglaterra, há o hábito do *Mums'Lunch*, almoços em que uma mãe de debutante convida as filhas de suas amigas da mesma idade para se conhecerem. As debutantes brasileiras são bem mais independentes, promovendo chás e reuniões, até em caráter beneficente, o que é um ótimo treinamento para futuras experiências como patronesses.

Hoje, no Brasil, os bailes com o ritual da apresentação oficial de um grupo de debutantes estão mais restritos. Muitas meninas optam por uma viagem ao exterior, pois debutar é um investimento de alto custo, não sendo valorizado do mesmo modo pelas adolescentes. É tudo uma questão de coerência e estilo de vida, mas ninguém contesta a beleza desses bailes.

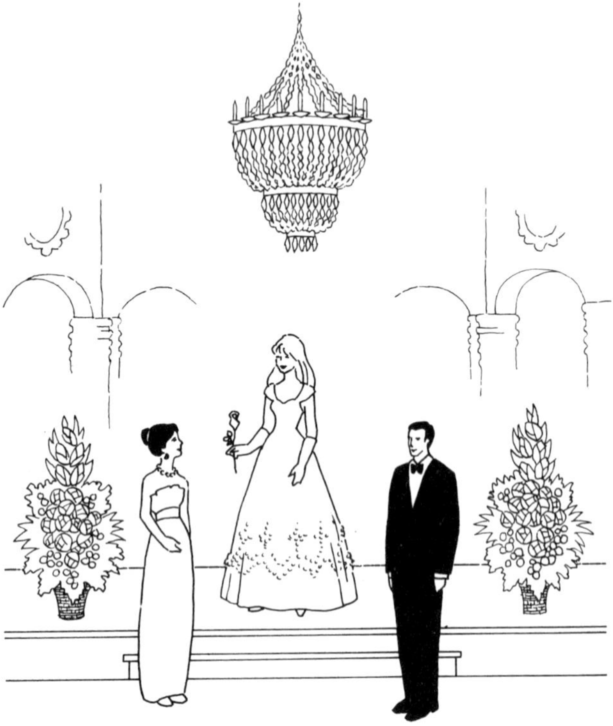

Convites

Convidar o rapaz que será seu par no baile é um gesto que algumas meninas mais retraídas enfrentam com timidez. Para quem formou sua turminha e tem namorado não existe o problema. Para um baile com traje de gala, o convite deve ser feito com um mês de antecedência, dando tempo ao rapaz de providenciar seu *smoking*. O melhor é sempre telefonar, deixando liberdade para ele recusar delicadamente se não estiver disposto a ser par de uma garota. Ela verbalizará o convite mais ou menos assim:

– Meu baile de debutantes será dia tal, traje de gala, no Clube Tal. Gostaria que você fosse meu par para dançarmos a segunda valsa e a gente estar um pouco junto na festa.

Com esta frase, o rapaz fica sabendo que o compromisso não se estenderá por toda a noite e sentir-se-á mais à vontade em assumi-lo. Constrangedor é esse convite ser feito através da mãe da debutante e da do rapaz. Nada impede, porém, antes de a menina convidar, que as mães conversem e seja feita uma sondagem na casa do cogitado par.

Tratando-se de um baile particular, em casa ou num clube, os convites impressos devem ser feitos em nome da garota, incluindo seus pais.

Um convite menor que o de casamento, em cartolina numa cor suave de rosa, azul, verde ou amarelinho, além do branco que é sempre mais fino, será o da festa da Debutante. Se os pais mais tradicionais que oferecem a festa para a filha, em sua residência ou num clube, gostam de encimar o convite, as garotas, no entanto, preferem fazê-lo. Tratando-se de uma noite de gente jovem, onde os amigos dos pais ficam em minoria, essa última será a melhor opção.

Luciana Franco
tem o prazer de convidar para a festa de 15 anos
que seus pais

Marcelo Franco e Ilsa Lopes Santos

oferecem, dia treze de julho de dois mil e um,
em sua residência, na Rua Dr. Timóteo, 25, às 22 horas.

Traje: passeio completo   *Porto Alegre*

Se a festa for num clube, ficará especificado o nome do salão e o endereço do clube por extenso.

Trajes

Recomenda-se que as mães jovens não escolham vestidos muito chamativos, deixando o destaque para sua filha, pois a noite é dela, vestida de branco ou em tons suaves. Uma medida de precaução é a debutante escolher sapatos confortáveis e caminhar com eles, em casa, pois não é de um momento para o outro que a menina vai andar elegantemente de salto alto. É conveniente desgastar o solado do sapato para evitar escorregões.

Luvas

O uso das luvas está cada vez mais restrito, mas é sempre elegante uma debutante de vestido sem mangas usar luvas longas ou curtinhas, que são mais leves. Ela ficará de luvas durante a apresentação, dançará a valsa, com as duas mãos calçadas. Já a mãe da debutante, que dela vai receber uma rosa, não usará luvas, porque a mocinha é a personagem central da noite. A debutante tirará as luvas quando se dirigir à sua mesa, após a dança oficial com os pares.

Desfile

O momento da apresentação não varia muito nos clubes. A garota surge em lugar destacado do salão, decorado com flores e velas, e os pais a recebem: ele fica à sua esquerda, a mãe, à direita. A debutante entregará a rosa à mãe, há beijos não muito efusivos, mantendo-se a postura elegante, e o pai é cumprimentado por último. Em alguns clubes, não é a mãe que recebe a debutante, mas uma madrinha escolhida pela garota. Tanto pode ser uma irmã ou prima mais velha como alguém da geração da mãe.

É menos formal e mais elegante a debutante atravessar sozinha o salão em direção ao pai, ao som de uma música de sua preferência. Os pais ou o pai e a madrinha de debut retornam juntos para a mesa, pela lateral do salão. Após a apresentação individual, as garotas reaparecem no salão, desfilando todas juntas. É o momento mais bonito da festa.

A valsa

Quando estiverem todas paradas, no centro do salão, ou em volta, dependendo do espaço, os pais encaminham-se a elas para dançarem a grande valsa. Se houve um ensaio bem-feito sob comando único, ao começar a valsa todos estarão em seus lugares predeterminados. É um gesto de carinho de parte da debutante, querendo homenagear o avô ou o padrinho, dançar o final da valsa com um ou outro. Ao terminar a música, os casais continuam no salão. Há uma pausa para os rapazes se aproximarem das garotas, ocasião de os pais voltarem às suas mesas e os jovens dançarem a sua música. Pode ser uma valsa do repertório popular, como *Fascinação*, ou outro ritmo mais descontraído em voga no momento.

Festa particular

Se o baile da debutante não for de gala, ficará destoante ela estar de longo, ainda que muitas prefiram estar de longo. Mais próprio é um modelo de festa curto, em tecido nobre (musselina, tafetá, renda,veludo) podendo ser bordado. Sempre de acordo com a moda vigente. O procedimento dos donos da casa é similar ao de uma recepção, mesmo sendo em clube. Os pais e a garota recebem os convidados no hall.

Se a festa começar às 21 horas, não é preciso aguardar a meia-noite para a aniversariante dançar a valsa com o pai. No salão cheio de convidados, a debutante abre o baile. À meia-noite, depois que o *cocktail-souper* foi servido, há um segundo momento. Luzes se apagam, entra o bolo de velas num carrinho e, enquanto todos cantam parabéns, a garota apaga as velinhas. Logo, partirá o bolo. As primeiras fatias serão para os pais e mais chegados.

Há quem goste do bolo vivo. Quinze rapazes e 15 garotas formam um círculo e a debutante apaga as velas que eles têm na mão, recolhendo as rosas que as meninas oferecem, formando um grande buquê. No século 21, quanto mais simples e espontânea uma festa de debut, tanto mais elegante: o tempo da menina-moça calçar solenemente seu primeiro sapato de salto alto, no meio do salão, já vai muito longe.

Numa festa particular, a debutante não pode se esquecer de que é a anfitriã, procurando dar atenção a todos, conversando e, mesmo com namorado, dançando com os amigos mais chegados.

Presentes

A debutante que faz sua festa individual receberá flores no local do baile. É comum as amiguinhas levarem presentes na hora, sendo conveniente dispôr, junto ao local de recepção, de uma mesinha com alguém guardando os pacotes da aniversariante, que não pode abri-los no momento. No próprio pacote do presente é escrito o nome de quem o oferece. Melhor ainda seria fixar no embrulho seu cartão de visita com uma palavra carinhosa de manuscrito. Sugestão bonita, aliás, para quem deseja oferecer uma lembrança prática para uma debutante é uma caixa com cem cartões de visita.

Os clubes usam presentear suas debutantes com uma jóia, entregue pela esposa do presidente. A garota recebe o presente com a mão direita e passa a caixinha para a esquerda, cumprimentando a senhora e o presidente. A debutante segue desfilando, a caixinha na mão direita até o momento de dançar a valsa, quando entrega a pequena caixa para o pai guardar no bolso do paletó.

Bar Mitzvah

De acordo com a lei judaica, meninos na idade de 13 anos passam a ser responsáveis por seus atos e entram na idade adulta. Diferindo substancialmente no aspecto religioso, pode-se comparar o Bar Mitzvah à primeira comunhão ou à confirmação nas religiões cristãs. Enquanto essa é um ato religioso mais restrito, o Bar Mitzvah é uma grande comemoração familiar, podendo motivar uma requintada festa.

A cerimônia religiosa que exige do candidato meses de preparação e conhecimento de hebraico é realizada a partir das 9 horas, concluída por volta do meio-dia. O ato é seguido por um coquetel ou almoço muitas vezes realizado no salão anexo à sinagoga ou em clubes. Alguns pais oferecem uma recepção à noite, no mesmo dia, uma festa alegre com dança realizada paralelamente à reunião dos adultos. Mesmo com essa festa noturna, há famílias que oferecem o *lechaim,* brinde após o ato religioso, na própria sinagoga, servindo vodca e licores acompanhados por doces típicos judaicos ou um almoço com bufê e os doces que simbolizam o desejo de uma vida doce para o menino.

Bat Mitzvah

Enquanto as mulheres não eram admitidas nos serviços religiosos, as meninas não cumpriam com o ato religioso no final da adolescência. A tradição exclusiva do Bar Mitzvah continuou, mesmo com as mulheres freqüentando as sinagogas. Com a emancipação feminina, as meninas judias também estão marcando o início de sua idade adulta, mais cedo que os rapazes, aos 12 anos. Assumem seus compromissos religiosos em cerimônia igual a dos irmãos, só que se chama Bat Mitzvah.

Convites

São enviados com antecedência, seguindo os critérios dos convites de casamento e festa de 15 anos, sempre os pais do menino(a) convidando. Famílias mais tradicionais usam dois idiomas no convite: português e hebraico.

Costuma-se escolher presentes aos bar e bat mitzvandos, procurando ater-se ao aspecto religioso e às tradições judaicas.

Trajes

O garoto usará terno completo, com gravata, e receberá, durante a cerimônia, seu *talit* (cachecol de seda) que o acompanhará nas cerimônias religiosas às quais comparecer durante toda sua vida. A menina se vestirá com traje passeio completo. As mães preocupam-se tanto com sua toalete como as mães de noivos, vestidas em traje passeio completo, com chapéu opcional. É o mesmo tipo de um elegante traje de convidada ou madrinha de um casamento matinal. Homens estarão de terno escuro ou de blazer, inseridos no traje passeio completo (Ver CONVITES). As senhoras convidadas podem usar chapéu na cerimônia religiosa, assim permanecendo durante a festa que se segue. Se for em sua residência, a mãe do garoto (a) como anfitriã tirará seu chapéu. Tratando-se de festa à noite, os trajes estarão de acordo com horário e ocasião: recepção.

Formatura

Os formandos recebem, em geral, poucos convites em relação ao número de pessoas que desejam convidar. O melhor é reservá-los para os parentes mais velhos e as pessoas de mais cerimônia. Os demais são convidados por telefone e explicada a situação. Como não é exigido convite para o ato solene de colação de grau, não há problemas. Já o convite para o baile é pago e também limitado. Esse detalhe sendo comunicado aos amigos jovens mais íntimos, o formando pode se oferecer a comprar os convites.

O convite para o jantar familiar, num clube, oferecido pelos pais do formando pode ser feito por telefone ou por meio de um cartão anexado ao convite de formatura. Usa-se também promover um jantar informal em que os convidados pagam sua despesa, mas aí não são os pais que convidam e sim o formando que conversará com os mais íntimos. Ele entregará um cartão-ingresso, produzido pelo próprio restaurante, em que constará cardápio, data e horário da reunião mais o preço, fora as bebidas. É sinal dos novos tempos.

Diploma

O formando o recebe com a mão direita e logo o passa para a esquerda para que possa cumprimentar o paraninfo, o diretor da faculdade e quem mais estiver na mesa de honra. É importante que ele se posicione bem perto da mesa, cuidando da postura ao se inclinar, sem deixar o traseiro empinado para a platéia. A iniciativa da troca de beijos entre paraninfo, homenageados e formandos, cabe aos primeiros. É conveniente haver uma combinação de como será esse cerimonial.

Casamento

Muitas modificações têm-se operado nos hábitos sociais, havendo uma tendência para simplificar certos rituais ditados pela etiqueta. Se o relacionamento dos namorados mudou para uma intimidade maior que acabou tornando rara a oficialização de um noivado com todas as implicações do pedido de casamento, nem por isso a cerimônia para o ato civil e religioso sofreu transformações radicais. Vestido de noiva tradicional, uma igreja bem decorada, padrinhos e madrinhas com um visual programado seguem atraindo os noivos e suas famílias. Se alterações houve na cerimônia religiosa, foi no cerimonial, para permitir uma maior espontaneidade na expressão do amor que une as duas pessoas que sobem ao altar, realçando aspectos de suas personalidades. Um exemplo disto é a escolha das músicas que serão tocadas ao órgão durante a cerimônia, nem todas do repertório erudito. Noivos modernos casam ao som de melodias populares que fazem parte das lembranças do tempo de namoro.

Mesmo com uma consciência mais realista do que seja o casamento, os noivos dizem o "sim" perante o sacerdote e o juiz com as mesmas emoções, que oscilam entre a ansiedade e a alegria, já sentidas por jovens casais de gerações anteriores.

Ver o livro da mesma autora *Casamento & Etiqueta* (L&PM Editores).

Tipos de cerimônia

O estilo de vida dos noivos e o orçamento disponível para a festa de casamento definem a cerimônia. Há quem prefira passar a lua-de-mel no exterior a ter uma grande recepção. Havendo casamento civil e religioso, uma solução prática é casar pelo civil dois dias antes, em casa, seguindo-se um coquetel para padrinhos, familiares e amigos mais chegados. Sem fazer convites impressos. Para a ocasião, a noiva e o noivo usarão traje passeio completo (também chamado recepção), bem como os convidados, se quiserem a festa mais bonita. A cerimônia religiosa será pela manhã. São freqüentes, nesses casos, as despedidas no aeroporto, os convidados, vindos diretamente da igreja, sem terem trocado de roupa.

Uma segunda opção será, após a cerimônia religiosa, no salão anexo à igreja, fazer o casamento civil e servir bolo de noiva com champanhe. Nesse caso, ao pé do convite impresso, constará a frase: "Após a cerimônia religiosa, os noivos recebem os cumprimentos no Salão Paroquial".

Convites

A recepção tradicional acontece após o ato religioso. Em muitos casamentos, são anexados cartõezinhos nos convites aos convidados que também participarão da festa. Para evitar esse cartãozinho podem ser impressos dois tipos de convite:

um só para o ato religioso, o outro acrescentando o local onde os noivos receberão os convidados. Nesse constará R. S. V. P. (Ver CONVITES). Quem recebeu convite apenas para a igreja não tem compromisso maior em comparecer à cerimônia, quando sabe que foram expedidos convites em duas categorias. Deve, no entanto, enviar felicitações.

Pode acontecer de o casamento civil ser realizado após o religioso, numa recepção restrita a padrinhos e mais chegados que foram convidados de viva voz, havendo convite impresso só para a igreja.

Não se usa colocar junto ao nome dos pais dos noivos títulos profissionais como doutor; para um convidado não é deselegante fazê-lo ao sobrescritar o envelope.

Impressos

Quem prepara uma bonita cerimônia de casamento, envolvendo muitos convidados, deve optar pelo convite impresso. Usa-se cartolina ou papel vergê de melhor qualidade, ainda que o pergaminho, de custo pouco acessível, seja o mais formal. O branco, creme e cinza são as cores tradicionais, mas há noivos mais modernos que gostam de um verde, ocre ou azul.

❏ A medida usual de um convite de casamento é 18x12cm, mas vêem-se convites que chegam a atingir 28x18cm. Os convites fechados, ou seja, dobrados com os dizeres na face interna, que podem ser impressos em offset (mais econômico), em relevo ou com as iniciais dos noivos em *hot stamping* (alto relevo) no verso do envelope são os mais requintados.

❏ Os envelopes dos convites de casamento são sobrescritos de manuscrito, usando-se muito os caligrafados, em tinta preta ou cinza escuro e entregues, em mão, com um mês de antecedência. Usa-se o correio só para fora da cidade onde se realiza o casamento. Os nomes da noiva e de seus pais ficam sempre à esquerda e ao pé do convite devem constar os endereços dela e dele, no lado respectivo.

❏ Pais divorciados convidarão juntos, sem seus atuais cônjuges.

❏ Os nomes de pais falecidos podem constar com *in memoriam* em letra menor, seguindo o nome ou abaixo dele. Também é costume os noivos convidarem e constar sua filiação, evitando a referência de uma perda familiar, numa ocasião festiva.

❏ A sigla R. S. V. P. que consta no convite serve também para o serviço de estacionamento em garagem, próxima à igreja, à disposição dos convidados. A indicação vem em cartãozinho que será fixado no convite.

> R.S.V.P. — Tel. 45-0512 com a srta. Vitória.
> Durante a cerimônia religiosa a Garagem
> L estará à disposição para estacionamento.

❏ O convidado que confirma a sua presença contribui para que fique conhecido tanto o número de pessoas para a recepção como o dos carros no estacionamento. É conveniente colocar este cartãozinho do R.S.V.P. no pára-brisa do seu automóvel, ao entrar na garagem.

Como grande número de convidados não responde ao R.S.V.P. convém contratar um serviço para telefonar confirmando as presenças.

MODELOS DE CONVITES

Sr. e Sra. Rodolfo Marques de Souza
Sr. e Sra. Bernardo Marques Besardi

convidam para a cerimônia religiosa do casamento de seus filhos

Ana Regina e Denis

a realizar-se no dia dezenove de abril de dois mil e um,
às onze horas e trinta minutos na Igreja Nossa Senhora da Conceição,
à Av. Independência, duzentos e trinta.

Após a cerimônia religiosa, os noivos receberão os convidados no
Porto Alegre Country Club, rua Libero Badaró, quinhentos e vinte quatro.

Av. Ganzo, 385 apto. 206 *Rua Sto. Inacio, 300 apto. 501*

Porto Alegre

R.S. V. P. (0512)230559

> *João S.S. Nogueira*   *Carlos C. Figueiredo Filho*
> *Maria Petersen Nogueira*   *Cláudia Figueiredo*
>
> *convidam para a cerimônia religiosa de casamento de seus filhos*
>
> *Regina   e   Rodrigo*
>
> *a realizar-se às onze horas do dia quatro de dezembro de dois mil*
> *e um na Igreja Santa Terezinha, à Av. José Bonifácio, 645*
>
> *Os noivos receberão os cumprimentos na Igreja*
>
> *Fernandes Vieira, 84*   *Independência, 915*
>
> *Porto Alegre*

Participação

É usada principalmente nos casamentos íntimos. Deve ser enviada no dia imediato ao da cerimônia. Os pais podem fazer a participação, mas quando é o novo casal que participa, acrescentará o endereço, oferecendo sua residência ao pé do cartão. A participação vale também para noivos que não vivem na mesma cidade, e, sendo de nacionalidades diferentes, é cabível adotar os dois idiomas.

Traje

Numa época em que os jovens cultivam o individualismo e a descontração, observa-se um número cada vez maior de casamentos fora do aparato tradicional. O fator econômico tem muito a ver com este comportamento. Um noivo quebra o protocolo e não adota terno escuro; convidados sequer usam gravata. "Sabemos como é um casamento tradicional, mas preferimos uma cerimônia ao nosso estilo." Estes mesmos noivos moderninhos preocupam-se muitas vezes com a entrada na igreja, que a noiva esteja no lado certo e haja cortejo de padrinhos. É preciso haver harmonia e coerência na forma de se apresentar. Uma noiva de vestido tradicional destoará de um noivo de terno claro que formaria um par perfeito com ela trajada com linhas mais despojadas, com ou sem véu e grinalda.

❏ A maioria dos noivos, no entanto, quer seguir o protocolo. Cerimônias em que vestem fraque ou fraque curto são as mais formais. Independente do horário, o noivo, pais de noivos e padrinhos estarão de casaco cinza, calça listrada de recepção e colete listrado ou gelo. A camisa é branca, gravata cinza-prata, sapatos e meias pretas. O colete do noivo também pode ser branco; a gravata, branca ou prateada. Os homens com este tipo de traje estão sem relógio de pulso. Noivos usam cravo branco na lapela distinguindo-se dos outros cavalheiros do cortejo que estarão de cravo vermelho, mas está aparecendo outra espécie de flores no traje masculino. Elas são enviadas para a casa deles, ou entregues à entrada da igreja.

❏ Outra modalidade a ser seguida no traje dos homens que fazem parte do cortejo é de apenas o noivo e os pais dos noivos estarem de fraque e para os padrinhos ser solicitado terno escuro, com camisa branca. Convidados de um casamento devem sempre se vestir de escuro, independente do horário da cerimônia.

❏ A noiva tradicional veste-se de acordo com a moda vigente. Usam-se, hoje, buquês de flores naturais, mas recomenda-se cuidado na escolha delas, para que não estejam murchas na hora do casamento. Há quem prefira um belo rosário de cristal ou o missal encadernado com o mesmo tecido do vestido. As noivas que desejam estar confortáveis durante a recepção optam pelo véu removível: ao chegar ao local da festa, depois do casamento religioso, o véu é retirado e a cabeça fica destacada pela grinalda.

❏ No casamento religioso de manhã o traje é alto esporte ou passeio, as senhoras de vestido ou *tailleur* e chapéu opcional. A noiva terá um traje menos pomposo do que nas cerimônias de fim de tarde, evitando os brilhos. É sempre conveniente que as mães dos noivos combinem a cor de sua roupa, mas é a mãe da noiva quem primeiro faz sua escolha, evitando a repetição de cores. É de praxe elas não estarem de negro. Em alguns casamentos, chegam a combinar as cores dos vestidos das senhoras do cortejo. Para isto, é necessária certa intimidade entre os noivos e suas testemunhas. Fica vedado tanto a madrinhas como a convidadas estarem de traje branco, reservado exclusivamente à noiva.

Os padrinhos

Por lei, no casamento civil, basta uma testemunha para o noivo e outra para a noiva. Usa-se, no entanto, o mínimo de dois casais para um e outro. No ato religioso é que os padrinhos mais aparecem, especialmente quando houver cortejo. Ao decidir o número de padrinhos, é importante que seja avaliado o espaço do altar na igreja, pois com quatro ou seis casais de cada lado, mais os pais dos noivos, é difícil manter um alinhamento que destaque as pessoas. Em alguns casamentos há cadeiras no altar, mães e madrinhas ficam sentadas, seus pares de pé, atrás delas.

Com o mínimo de dois meses ou quando os convites impressos estiverem sendo providenciados, é feito o convite aos padrinhos. Entre gente jovem não existe maior formalismo, mas a antecedência deve ser mantida, para que eles tenham condições de se preparar. O correto é os noivos telefonarem marcando hora para uma visita, quando farão o convite para os parentes ou amigos serem padrinhos.

Casamento duplo

Não é raro irmãs ou irmãos casarem no mesmo dia. É o noivo da noiva mais velha que abre o cortejo com a mãe dele, seguidos pela mãe da noiva com o pai do noivo e os padrinhos. Enquanto o noivo aguarda a noiva, os padrinhos ficam todos do lado direito do altar (onde ficarão os noivos). A noiva chega com o pai, que a entrega ao noivo. Eles sobem juntos ao altar, ele à direita dela, dando-lhe o braço esquerdo. Ao chegarem diante do sacerdote, deixam o espaço à sua esquerda para os outros noivos. Enquanto o pai sai pela nave lateral da igreja para buscar a segunda filha, o novo cortejo entra e tudo acontece como com os primeiros noivos, só que o noivo dará o braço direito à noiva. Encaminham-se para o altar, ficando do lado esquerdo, ficando as noivas lado a lado no centro.

Responsabilidades

Segundo a etiqueta tradicional, o noivo é responsável pelas despesas do casamento civil, a cerimônia religiosa e as duas alianças. Faz a sua lista de convidados, providencia a suíte do hotel para a primeira noite, caso viajem no dia seguinte. É um gesto delicado da parte dele providenciar para, na manhã posterior ao casamento, a sogra receber um ramo de flores com cartão portador de palavras afetuosas extensivas ao sogro. Os pais dela são responsáveis pelas despesas de impressão de convites, ornamentação e música da igreja e a recepção. Havendo aias, pelo menos o tecido dos vestidos deveria ser oferecido pela noiva. Costumava ser assim, mas hoje as duas famílias compartilham das despesas. Os pais do noivo, logo que o compromisso tenha sido formalizado, convidam os pais da noiva para jantar, a fim de iniciar um relacionamento mais fraternal, que vai facilitar também a divisão de responsabilidades da cerimônia e da festa.

Chá-de-panela

As amigas da noiva, seguindo uma tradição muito cultivada nos Estados Unidos e bem difundida entre nós, promovem um chá-de-panela. É sempre uma reunião divertida, oferecida por uma delas, em sua casa. Servem chá quente ou gelado e refrigerantes, com salgadinhos e doces. O momento culminante é quando a homenageada abre os presentinhos indicados numa lista feita por ela mesma com pequenos objetos de uso na cozinha (coador, colheres, panos de prato).

É recomendável que sejam lembranças de baixo custo, tendo em vista a despesa maior com os presentes de casamento.

Noivos, hoje, também recebem pequenos presentes numa reunião que chamam chá-de-bar e que, às vezes, é realizada num sábado à tarde, junto com o chá-de-panela da noiva. Ele recebe: coadores, colher de bar, medidor, apoio de garrafa, pinças e bebidas. Essas reuniões são promovidas de duas a quatro semanas antes do casamento.

Lista de presentes

A instituição das listas de noivas é o reflexo das maneiras modernas em que a praticidade fica evidente. Quem desejava dar presente, em geral, telefonava para as mães dos noivos pedindo sugestão. Hoje este telefonema é dado para saber em que loja está a lista e as noivas chegam a escolher dois estabelecimentos comerciais, em bairros diferentes, com suas sugestões.

O que não é correto: colocar no convite de casamento um cartãozinho com a indicação da loja onde está a lista. Afinal, o presente é um gesto espontâneo. Por isso, na lista haverá desde pequenos até grandes presentes em relação aos custos. Já estão até sugerindo cristais avulsos e porcelanas: pode-se dar seis ou doze cálices de cristal que os noivos escolheram para fazer uma bateria completa; a jarra ou os dois candelabros.

Uma viúva ou uma divorciada ao casar de novo não fará lista de presentes, mesmo sendo enviados convites para a festa de casamento. Havendo maior intimidade, o cheque-presente pode ser adotado. É de boa educação comunicar, mais tarde, no que foi utilizado aquele dinheiro.

Com as listas de noivas diminuíram os presentes repetidos, mas as trocas se tornaram um procedimento comum. As lojas têm um prazo para isso e, antes de ir até lá com os objetos, convém sempre telefonar.

Presente em dinheiro

Cuidado para não comercializar seu casamento, pedindo o presente em dinheiro, pelo fato de os noivos já terem casa montada ou passarem a residir numa cidade muito distante ou no exterior. Com os mais íntimos, quando existe muita franqueza, os noivos podem expor a situação. Aos demais convidados, quando perguntarem onde encontrar a lista de presentes será dito que não a fizeram, expondo a dificuldade de transporte dos presentes ou a casa já montada. Cabe aos convidados tomarem a iniciativa de oferecer uma quantia em cheque. O modo correto é o convidado enviar um cheque ao portador dentro de envelope ou fazer um depósito na conta da noiva ou do noivo.

Monogramas

Na roupa de cama e mesa, usam-se as iniciais do primeiro nome do marido e da mulher. Antigamente, como as peças de enxoval eram dadas pelos pais da noiva, ela mantinha suas iniciais de solteira nos bordados. Em porcelanas e cristais pode figurar tanto o monograma dos primeiros nomes do casal como o sobrenome do marido. Assim, Luís Carvalho Lemos e Amélia Fontoura Carvalho Lemos poderão usar as iniciais entrelaçadas L e A ou CL. Todos os objetos de uso pessoal da mulher – as peças de seu jogo de toalete, por exemplo – terão as iniciais dela: AFCL. Em jogos de toalhas de banho, borda-se a inicial do primeiro nome de cada um em sua respectiva toalha por ser mais prático. Com o uso cada vez mais difundido, para o bar, dos guardanapos descartáveis de papel (sempre informais), pode figurar o monograma do dono da casa, pois selecionar bebidas e servi-las é uma tarefa atribuída a ele.

Rumo à igreja

A noiva sai de casa com seu pai ou aquele que vai conduzi-la ao altar. É escolhido um bonito carro, com motorista. Senta-se no lado que corresponderá à calçada da igreja, facilitando sua saída. O correto é que ela fique à direita do pai, no banco de trás, em posição diagonal ao motorista. A mãe da noiva sairá de casa para chegar quinze minutos antes dela, acompanhada de um cavalheiro ou outras pessoas da família.

Em alguns casamentos, fazem fotografias da noiva em sua casa; há moças que preferem ser vestidas na *maison* de seu costureiro (a) com mais espaço para belas fotos. Evitando maior nervosismo do que o normal nestes momentos, a noiva deve chegar à igreja no máximo 10 minutos após o horário marcado no convite.

O noivo chega 15 minutos antes dela, com

seus pais. Junto à porta da igreja, ocorre a reunião com os padrinhos, quando são distribuídos os cravos para a lapela dos ternos deles. Ao chegar a mãe da noiva, subentende-se que esta esteja a caminho.

A cerimônia

O noivo entra na igreja dando o braço direito à sua mãe, que desata a fita colocada para reservar a nave central exclusivamente para o cortejo. Numa distância de quatro passos, vêm os padrinhos dele; o pai do noivo com a mãe da noiva, seguidos pelos padrinhos desta.

❏ O lado do noivo e seus padrinhos é à direita do altar; o da noiva, à esquerda.

❏ Outra modalidade de cortejo é a mãe da noiva e o pai do noivo entrarem imediatamente após o noivo e sua mãe. Neste caso, será alternado: um casal de padrinhos do noivo e outro da noiva, exigindo ensaios para que a colocação no altar seja perfeita.

❏ O pai do noivo fica junto à mãe da noiva, no altar. Quando a noiva estiver na metade do percurso pela nave central, o noivo a aguardará descendo os degraus. Cumprimenta o futuro sogro antes de recebê-la. Enquanto isto, o pai dele atravessa o altar, postando-se ao lado de sua esposa, dando lugar para o pai da noiva ficar junto à sua mulher.

❏ A noiva entra pelo braço direito de seu pai. No casamento do príncipe Charles da Inglaterra foi assim. É também mais prático: ela fica entre o pai e o noivo ao chegar ao altar.

❏ Se a noiva estiver de luvas, começará a retirá-las pouco antes da troca das alianças. O buquê é dado para sua mãe ou uma madrinha, o que deve ser combinado antes. Após a assinatura no livro da igreja, ela calça de novo as luvas. Já as madrinhas, durante a cerimônia, tirarão as luvas, porque à hora dos cumprimentos só a noiva permanece de luvas.

❏ Se a noiva estiver com o rosto coberto pelo véu, este será levantado pelo noivo à hora do beijo e ela sairá da igreja com o rosto à mostra.

❏ Terminado o ato religioso, os noivos voltam-se na direção da nave da igreja (eles viram-se pelo lado de dentro), ele dando o braço direito a ela.

❏ Havendo aias, elas entram na igreja antes da noiva; à saída, vêm depois dos noivos, seguidas pelos pais da noiva, os pais do noivo e os padrinhos.

ENTRADA DA NOIVA

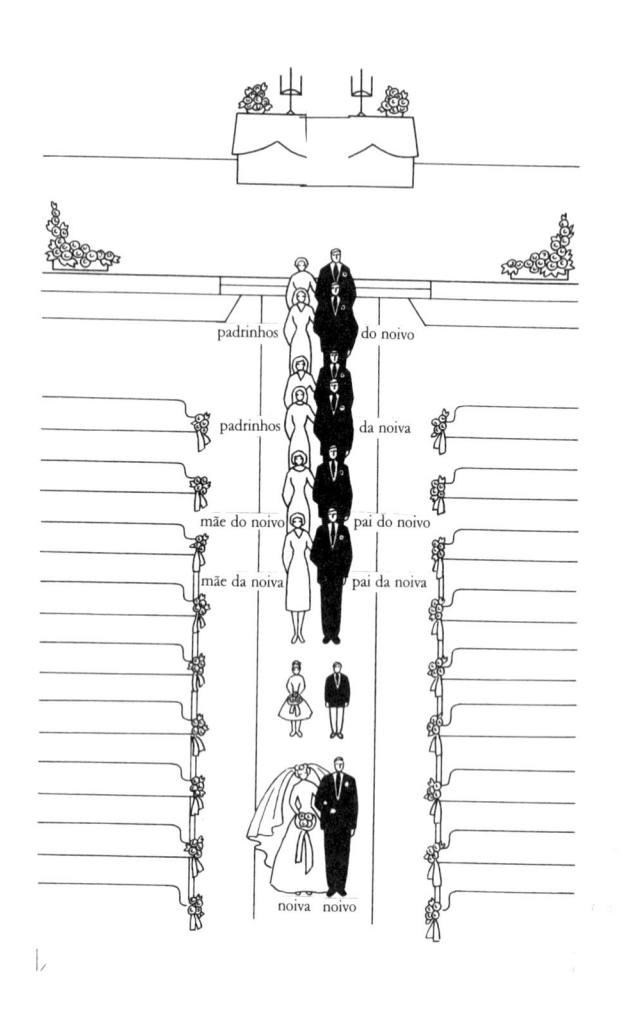

SAÍDA DOS NOIVOS

Entrada da noiva

Os cumprimentos são dados na igreja. Quando todos os convidados da cerimônia participam da festa, os noivos e seus pais ficarão à disposição dos cumprimentos à entrada da festa. A mãe da noiva posiciona-se em primeiro lugar para ser cumprimentada, seguida pelo pai da noiva, a noiva, o noivo, a mãe e o pai dele.

Variações

Em alguns casamentos o noivo entra na igreja à frente de seus pais; a noiva também chega sozinha, os pais dela fechando o cortejo. Muitos noivos optam por uma cerimônia mais simples, sem cortejo. O noivo entra com a mãe pela nave lateral, à direita, e os padrinhos dirigem-se ao altar pouco antes de a noiva chegar.

Noivas que desejam homenagear a memória de seu pai falecido podem entrar na igreja com o noivo, de mãos dadas, sem formalismo.

Pais divorciados

É uma situação cada vez mais freqüente na família brasileira, e, por isso mesmo, as suscetibilidades estão sendo amenizadas. É muito importante que os pais, no dia de casamento de um filho (a), esqueçam suas diferenças e deixem a cerimônia transcorrer sem tensões. No altar, se não ficarem juntos e forem casados de novo, estarão com seus respectivos cônjuges. É o grau de relacionamento deles que determinará a postura.

Na sinagoga

A cerimônia do casamento judaico pode seguir o ritual ortodoxo, mais conservador, ou o reformista. O primeiro difere bastante do ritual cristão, enquanto o último é parecido no que se refere ao cortejo. Na cerimônia ortodoxa, a noiva recebe os convidados, menos o noivo, à entrada da sinagoga. Todos os homens que entram na sinagoga deverão estar de chapéu preto. Na cerimônia reformista, que é a mais adotada, eles usam o solidéu, *kipá*, distribuído à entrada para os convidados que não tiverem levado o seu. Em casamentos mais requintados, os solidéus são padronizados especialmente para a ocasião, e não precisam ser devolvidos à saída.

A noiva que segue o ritual ortodoxo cobre o rosto com véu espesso. No rito reformista, o véu é colocado pelo noivo quando a recebe do pai, antes de ficarem sob o pálio, *chupah*. Por isso, a maioria delas prefere escolher seu traje de noiva com véu cobrindo o rosto, entrando na sinagoga com o rosto velado. As mães de noivos e madrinhas costumam usar chapéus pequenos ou enfeites de cabeça, o que pode ser adotado pelas convidadas, como sinal de respeito ao templo.

No ritual ortodoxo, o noivo entra cercado pelos pais – a mãe à sua direita, o pai à esquerda.

Seguem os padrinhos e, por fim, a noiva também com seus pais. No ritual mais novo, o cortejo é como nas igrejas cristãs e o noivo aguarda a futura esposa à frente da *chupah*. O rabino já esperava.

O ato religioso transcorre sob a *chupah*, simbolizando o lar. Os pais dos noivos ficam juntos; os padrinhos estão posicionados nas laterais do altar. Quando o rabino oferece aos noivos, pela primeira vez, o cálice de vinho, ela apenas levanta um pouco o véu para bebê-lo. A cerimônia segue e, depois da colocação das alianças, um segundo cálice de vinho é oferecido. O noivo, seguindo o ritual judaico, quebra depois o cálice, envolto em guardanapo branco, a seus pés, simbolizando a destruição do templo de Jerusalém. É momento de alegria, quando os convidados exclamam *Maraltov* (Felicidades). Concluída a cerimônia, como na igreja católica, o noivo levanta o véu da noiva, beija-a e eles retiram-se da sinagoga à frente do cortejo.

A recepção

Independentemente do rito religioso, a mãe da noiva fica junto aos noivos ao receber os convidados, enquanto o pai e os pais do noivo ajudam a entrosar as pessoas que participam da festa. Se for em casa dos pais do noivo, caberá à mãe dele receber os convidados, a mãe da noiva sendo a convidada de honra da festa. Conclui-se daí que a anfitriã é a dona da casa, podendo assim ser a esposa do pai da noiva ou do noivo (pais casados pela segunda vez) que estará junto deles recebendo. Esta é a forma seguida nas recepções de casamento nos Estados Unidos. Sendo a recepção na sua casa, a mãe da noiva (o), se estiver de chapéu, deverá retirá-lo.

❏ O bolo de noiva é cortado pelos noivos, ele com a mão sobre a dela. Quando há jantar, este momento fica reservado para mais tarde, sendo o próprio bolo servido como sobremesa. Usa-se distribuir os convidados em mesas de 10 a 12 lugares e ter uma mesa principal para os noivos e seus pais e avós. Há uma tendência de evitar este distanciamento, sendo sinal de atenção os noivos "visitarem" todas as mesas. Há casos em que as duas cabeceiras nas mesas dos convidados são deixadas livres, para que noivo e noiva sentem-se por alguns minutos. É ocasião de fotos, abrangendo todos os convidados. Ao voltar da lua-de-mel os noivos enviam aos convidados as fotos tiradas juntos. Podem mandar pelo correio com um cartão agradecendo o presente e oferecendo a residência.

❏ São muito animadas as festas de casamento com dança. Os noivos abrem o baile e, depois de ele dançar com a mãe e a sogra e a noiva com o pai e o sogro, todos participam.

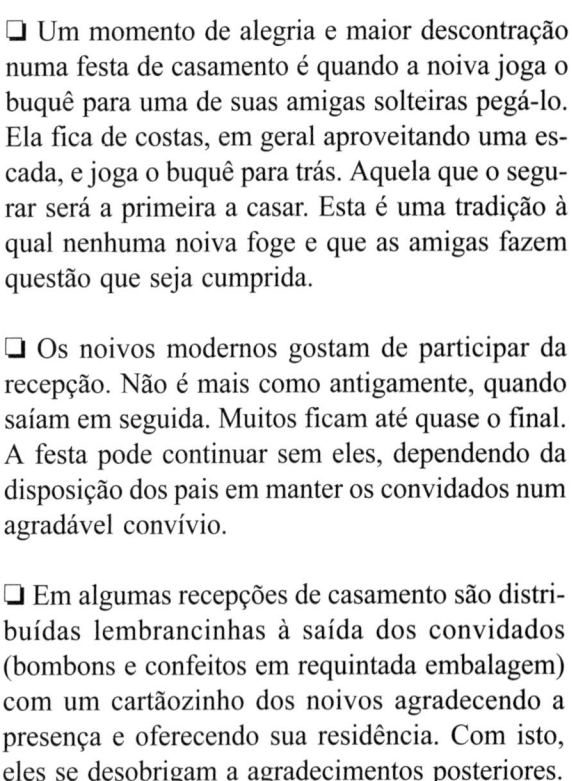

❏ Um momento de alegria e maior descontração numa festa de casamento é quando a noiva joga o buquê para uma de suas amigas solteiras pegá-lo. Ela fica de costas, em geral aproveitando uma escada, e joga o buquê para trás. Aquela que o segurar será a primeira a casar. Esta é uma tradição à qual nenhuma noiva foge e que as amigas fazem questão que seja cumprida.

❏ Os noivos modernos gostam de participar da recepção. Não é mais como antigamente, quando saíam em seguida. Muitos ficam até quase o final. A festa pode continuar sem eles, dependendo da disposição dos pais em manter os convidados num agradável convívio.

❏ Em algumas recepções de casamento são distribuídas lembrancinhas à saída dos convidados (bombons e confeitos em requintada embalagem) com um cartãozinho dos noivos agradecendo a presença e oferecendo sua residência. Com isto, eles se desobrigam a agradecimentos posteriores.

Chuva de arroz

À hora de sair da igreja ou no momento em que os noivos se retiram é tradição que os convidados atirem arroz neles. Isto se vê até em despedidas aos recém-casados, no aeroporto. Significa bons augúrios de fertilidade. Em outras épocas, acreditava-se que o arroz jogado sobre os noivos serviria de alimento ao diabo que satisfeito partiria para longe deles, livrando-os do infortúnio. Algumas civilizações antigas acreditavam que a alma do noivo é apta a voar para longe do casamento e o arroz, jogado sobre ele, seria para induzi-lo a lembrar-se disto e permanecer junto à sua esposa.

Segundo casamento

Uma moça solteira que se casa com um viúvo ou um divorciado vestir-se-á de noiva e a cerimônia transcorrerá com o mesmo ritual. Só não pode haver casamento em igreja católica apostólica romana se o noivo for divorciado. Uma viúva ou divorciada escolherá um vestido de cor, sem véu, podendo optar pelo chapéu ou um detalhe de cabeça, mas levará buquê menor, sem flores de laranjeira. Na maioria das vezes, estes casamentos com festa são realizados em casa ou no salão de um clube, seguindo o ritual tradicional, inclusive com a noiva solteira entrando pelo braço do pai.

Dependendo da aceitação dos filhos, estes podem ser pajens e aias, mas são situações particulares pautadas exclusivamente pela sensibilidade dos noivos e seus familiares.

Casamento em casa ou em clube

Usam-se as mesmas regras da cerimônia num templo religioso, dependendo do espaço disponível. A noiva só aparecerá quando se encaminhar ao altar pelo braço do pai. Havendo só o casamento civil segue-se o mesmo cerimonial, podendo ser dispensado cortejo.

O novo casal

Agradecer os presentes e oferecer sua casa é uma obrigação do casal para com aqueles que o cumularam de atenções. Na volta da lua-de-mel, é mandado imprimir cartão de visita com o nome dele e o dela. Hoje, com o reconhecimento da lei civil, muitas moças permanecem com o sobrenome de solteira, não acrescentando o do marido. Em geral, são mulheres com vida profissional que assumem esta atitude bem compreendida pelos maridos. Pensam na incerteza de um casamento eterno e as desvantagens de futuramente trocar de nome.

❑ No cartão do casal, o nome do marido vem em primeiro lugar. Os termos de agradecimento não variam: Fulano e Beltrana agradecem e oferecem sua residência.

❑ Caso não tenha agradecido deste modo, o novo casal poderá manifestar-se com um cartão de boas festas no ano do seu casamento, sem alusão a ele. O agradecimento fica subentendido.

❏ Ao instalar-se em seu lar, é sinal de atenção o casal receber, além dos pais, seus padrinhos de casamento para almoço, jantar ou drinques.

BODAS

Aniversários de casamento, principalmente Bodas de Prata (25 anos), de Ouro (50 anos) e de Diamante (60 anos) são comemoradas em cerimônias que, de certo modo, lembram a do casamento. É celebrada missa, tanto pode ser pela manhã como no final do dia, seguida de uma recepção. A senhora terá detalhes prateados, dourados ou brilhos na roupa, de acordo com as bodas em comemoração. O marido veste-se de escuro. É costume os netos ou bisnetos entrarem na igreja à frente do casal que é seguido pelos filhos, mas o senhor poderá entrar com a filha mais velha e a sua esposa com o filho. São os filhos que convidam para a cerimônia, mas, tratando-se de um casal ainda jovem que festeja suas Bodas de Prata, é o nome deles que encima o convite. Se houver uma grande festa, é adequado convidar as pessoas que compareceram ao casamento, na época.

Almoços, jantares e coquetéis são tipos de reunião para comemorar bodas. É tradição fazer o bolo de noiva, decorado com fitas e enfeites prateados, dourados ou em brilhos, correspondendo à prata, ouro ou brilhante. Festas para comemorar datas tão significativas na vida de uma família dão motivo para que os convidados enviem flores. Detalhes na embalagem podem ser alusivos às Bodas. Se for um objeto presenteado segue-se o mesmo princípio: metal prateado ou dourado e cristais.

Denominações

Ainda que as festas mais marcantes sejam realizadas pela passagem de Bodas de Prata, de Ouro e de Diamante, há denominações específicas para outros aniversários de casamento.

10 anos – Bodas de estanho
15 anos – Bodas de cristal
20 anos – Bodas de porcelana
25 anos – Bodas de prata
30 anos – Bodas de pérola
35 anos – Bodas de coral
40 anos – Bodas de esmeralda
45 anos – Bodas de rubi
50 anos – Bodas de ouro
55 anos – Bodas de orquídea
60 anos – Bodas de diamante

OPEN HOUSE

É um tipo de recepção comum nos aniversários e comemorações, quando se abre a casa para receber amigos. Não são feitos convites, apenas se avisa a partir de que horário a casa estará aberta para uma reunião informal. Amigos falam a amigos comuns e quem desejar comparecer vai fazê-lo com a certeza de não estar sendo importuno. Como não é possível determinar o número certo de pessoas, o *Open House* tira bastante da responsabilidade do cardápio e do serviço e prescinde de prato quente.

O ideal é dispor de vinho, uísque e bebidas sem álcool e preparar um bufê só de pratos frios. Mais prático ainda e sempre adequado será servir salgadinhos e alguns docinhos, evitando talheres. A anfitriã precavida terá no *freezer* salgadinhos que exigem poucos minutos para descongelar no forno (empadinhas, canapés, croquetes) no caso de o número de pessoas ultrapassar sua expectativa.

Presentes

Não é o preço mais elevado de um presente que garante sua boa receptividade, mas, sim, escolher de acordo com a personalidade de quem vai recebê-lo e a ocasião em que está sendo dado. Também querer retribuir um presente baseando-se em seu valor material não é um princípio que deva ser levado em conta: cada um presenteia como pode e a espontaneidade do gesto reflete-se na própria escolha. Uma pessoa de vida social intensa, casa bem montada, pode gostar mais de uma agenda personalizada com seu monograma impresso, em final de ano, do que de um objeto de cristal. Não se usa dar de presente peças do vestuário a pessoas com quem não se tem intimidade. Um lenço feminino e gravata masculina são acessórios, desde que se conheça o estilo de vestir de quem motiva a escolha. Tratando-se de aniversários e festas com grande número de convidados, envia-se o presente antes.

Agrados

É sinal de cortesia chegar à casa de amigos que convidaram para jantar com um buquezinho de flores, plantinha de vaso, bombons ou uma singela lembrança à anfitriã. O hábito mais difundido é levar uma garrafa de bebida ao dono da casa que agradecerá, mas não a incluirá entre as bebidas da noite já programadas.

Ao receber estas gentilezas, os anfitriões o farão com a maior discrição para não deixar constrangidos os convidados que não tiveram o mesmo gesto. O que não cabe nestas situações é levar grandes ramos de flores: a casa já estará devidamente decorada e estas flores de última hora podem perturbar a anfitriã que, em consideração à sua visita, deverá providenciar para pô-las num vaso.

Como receber

Ao receber um presente, o pacote deve ser aberto diante de quem o ofereceu, para que veja a reação de agrado. Em chás, jantares e reuniões para homenagear alguém, geralmente, após as saudações, é entregue um presente oferecido por grupo de admiradores. O homenageado (a) deve abri-lo diante de todos para que a lembrança seja vista. Com jóia ou cartão de prata é mais fácil: será entregue na caixa sem empacotar.

Flores

❏ Quando se trata de oferecer flores à uma senhora homenageada ou esposa de um homenageado, evitam-se ramos muito grandes que ela tenha dificuldade de segurar. Deve haver sempre alguém que coloque este buquê em local adequado, evitando embaraços da homenageada, sem saber o que fazer com as flores quando está sentada à mesa. À saída, se for um buquê mais pesado, também será auxiliada.

❏ São sempre muito vistosas as embalagens em papel celofane, fitas e rendas, mas para o ambiente de festa realizada em casa, as embalagens são retiradas e as flores colocadas em vasos com água, mantendo o cartão de quem as enviou bem à vista, dentro do envelope aberto em meio ao buquê. Flores remetidas em caixas transparentes ficam em sua embalagem. Nos dias de hoje, são muito práticos os arranjos em vasos e as cestas contendo água, prontos para enfeitar os ambientes.

❏ A regra de etiqueta tradicional que vetava a uma senhora ou a uma moça dar flores a um homem está se tornando mais flexível. Um casal ou uma convidada envia flores aos anfitriões de uma festa ou um jantar com os cumprimentos ou simplesmente um cordial abraço. Antigamente as mulheres enviavam flores apenas para senhores de idade e um amigo que está doente. O que se faz modernamente, com a igualdade dos sexos, é enviar flores pelo aniversário de um amigo, só que em vez de flores femininas como rosas e enfeites de fitas, envia-se um arranjo mais simples ou uma folhagem. Também um homenageado recebe flores de suas amigas.

Aniversário

É tradicional colocar os presentes na casa da (o) aniversariante. Após o chá ou o coquetel, a dona da festa pode convidar suas amigas a ver os presentes, ocasião também para abrir alguns pacotes. Nos aniversários de crianças pequenas não se procede assim, por motivos óbvios: todo mundo quer brincar com eles. Se houver mães na festa, a mãe da aniversariante poderá convidá-las para ver o que a criança ganhou.

IV
Fora de casa

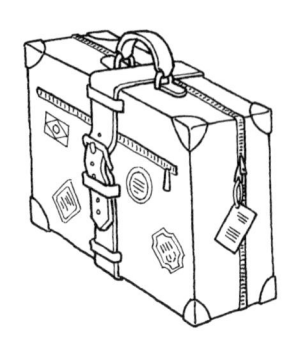

Visitas

Visitar amigos, sem um motivo especial, é um hábito que diminuiu pelas atribulações da vida moderna e a falta de tempo disponível. Para não correr o risco de chegar em má hora numa casa, é sempre conveniente telefonar. Se a pessoa não pode receber marcará outra data ou chamará após alguns dias, num sinal de interesse em receber o amigo. O tempo de uma visita é muito variável e deve-se ter a sensibilidade de entender alguns sinais de fadiga dos donos da casa: não estimulam a conversa, param de servir bebidas ou deixam de pôr lenha na lareira. Se tudo isto ainda não bastou para a visita ir embora, os donos da casa podem falar francamente: "Hoje trabalhei muito, estou cansado... Amanhã devo levantar cedo..."

Se um amigo íntimo está de aniversário e não há festa, telefona-se e pode-se, informalmente, fazer uma visita para cumprimentá-lo. De acordo com o ambiente, fica-se mais ou menos tempo.

Crianças na fase de travessuras não devem ser incluídas em visitas sem prévia consulta.

Nascimentos

Com a difusão do chá-do-bebê, o *baby shower* dos americanos, realizado um mês antes do nascimento, em casa de uma amiga da futura mamãe ou num salão de chá, diminui o número de visitas ao hospital. No chá-do-bebê, são dados presentes para ele e é hábito saber da lista do enxoval feita pela gestante. Ela abre os presentes na ocasião, momento divertido com todas as amigas reunidas.

Ao visitar o recém-nascido, não se toca na criança em procedimento similar ao que se tem em relação às pessoas doentes. São cuidados de higiene. Se a visita for em casa, observa-se o horário, pois é uma fase difícil na vida da mãe, adaptando-se à criança. São visitas rápidas, sendo conveniente telefonar antes.

Doentes

Obedece-se ao horário estipulado pelo hospital. Havendo a tabuleta na porta do quarto com a proibição de visita, solicita-se a uma enfermeira que chame o acompanhante no quarto, pedindo a ele informações do estado do paciente e fazendo votos de pronto restabelecimento. Se o acompanhante for um empregado deixa-se cartão de visita, o que não se faz com pessoa da família ou amigos.

Há hospitais que colocam na porta uma lista de presença: basta assinar e não se chama ninguém no quarto.

Discrição

A visita a um doente deve ser curta e só se estenderá se ele manifestar sua vontade. Costuma-se levar flores sem perfume (há hospitais que não permitem flores no quarto), frutas, biscoitos, revistas e livros. A conversa é amena. Dependendo do enfermo, pode girar em torno da preocupação maior que é seu estado de saúde. Ele conta o que quiser e não se faz perguntas sobre o tipo de cirurgia feita, sendo uma das raras ocasiões em que numa visita é oportuno mencionar a própria experiência que se teve com doenças, para animar a pessoa.

O visitante evita falar muito e caminhar no quarto. Se entrar uma enfermeira ou o médico, retira-se imediatamente para deixar o doente à vontade, esperando na sala contígua ou no corredor. Telefonar para pedir notícias é um interesse que todo doente aprecia, desde que não haja chamadas várias vezes ao dia. No caso de doenças mais prolongadas, o melhor é pedir notícias a uma pessoa da família, que certamente comunicará a atenção ao doente. Este, logo que se restabelecer, deve agradecer através de telefonemas ou enviando cartão às visitas que não pôde receber.

Pêsames

O falecimento é comunicado aos mais chegados que, por sua vez, avisam aos amigos comuns da família enlutada. Confortar não significa monopolizar o amigo que sofreu a perda, e há muita gente que, nos momentos de luto, prefere recolher-se em si mesma. Dão-se pêsames só a viúvos, pais, irmãos, avós e netos do morto.

Velório

Assina-se no livro de presença. Pode-se escrever também o nome de alguém que o solicitou, impedido de comparecer. A letra deve ser legível. Um velório não é lugar para apresentações, mas em alguns casos isso ocorre. O chefe do filho que perdeu o pai pode ser apresentado à viúva para as suas condolências. Os abraços de pêsames não devem ser muito efusivos, evitando-se os ruidosos tapas nas costas, atitude assumida freqüentemente por homens.

O espaço em volta do caixão é privativo dos familiares que ali recebem os pêsames. Levantar o lenço sobre o rosto do defunto é indiscrição. Amigos costumam sentar-se perto da pessoa mais chegada ao morto, mas deve ser dada oportunidade para que outros o façam também. Se a(o) viúva(o) estiver numa sala reservada, respeita-se este recolhimento não indo até lá.

Enterro

Imediatamente após o sepultamento, no cemitério, é costume cumprimentar novamente a família, mas, desta vez, sem repetir as expressões clássicas – "Meus sentimentos", "Meus pêsames" ou "Eu sinto muito" – ditas anteriormente. Usa-se para estas cerimônias roupa mais discreta, mas não precisa ser preto. Os homens que não tem intimidade com a família enlutada comparecerem de terno e gravata; as mulheres em traje casual, sem estar perfumadas.

Manifestações

Não sabendo em tempo, cabe telegrafar, enviar cartão de pêsames, telefonar se houver intimidade ou fazer uma visita que será curta e sem avisar. Esta é uma das ocasiões em que se deixa o cartão de visita, pois nem sempre a família sente-se em condições de receber.

Nas missas de sétimo dia, o mesmo estilo de vestir. O luto para a família caiu em desuso, mas as pessoas mais chegadas ao morto podem vestir-se de preto, os homens usando gravata escura. A maioria dos familiares opta por trajes discretos.

Agradecimentos

A família do morto pode prescindir dos cumprimentos de pêsames na igreja, solicitando ao padre que ao final agradeça em nome dela a presença de todos. Não fica isenta de agradecer novamente através de cartões, baseando-se na lista de presença, tanto do velório como da missa. Telegramas e visitas também se agradecem. Este cartão impresso será um pouco maior que o de visitas. Como o luto, cartões tarjados estão caindo em desuso. Para evitar o trabalho de enviar cartões, as famílias optam pelo agradecimento através do jornal, reservando aqueles para as pessoas que não residem na mesma cidade.

Hóspedes

A visita para o fim de semana ou durante uma temporada será tanto mais agradável quanto for a capacidade de adaptação aos hábitos da família, participando do ambiente, mas não ficando junto dos anfitriões o dia inteiro. Eles terão sua liberdade preservada.

Ao fazer o convite, é conveniente informar sobre o quarto disponível na casa, se é grande ou pequeno, qual o espaço no armário, e com banheiro privativo ou não. Isto determinará a bagagem e o hóspede levará o mínimo de roupas e acessórios, mas tudo o que necessita de cosméticos e medicamentos, pois nada é mais desagradável do que estar pedindo empréstimos às pessoas da casa. Nos dias atuais, com a falta de pessoal doméstico, tornou-se normal o hóspede oferecer-se a levar uma muda de roupa de cama e banho. Havendo intimidade, se a hospedagem for para uma ou duas noites, a própria dona da casa poderá fazer a solicitação.

Hábitos

A anfitriã mostrará o quarto, informando sobre o sistema da casa e seus horários de refeições. Deixar um hóspede à vontade não significa a mesa do café da manhã ficar à sua espera até as onze horas. Quando não há empregados, é prático deixar louça, café ou chá à mão para que, levantando mais cedo que a família, o hóspede prepare seu próprio café.

Fazer sua cama e deixar o quarto arrumado é o mínimo de cooperação que se espera de quem se hospeda em casa de amigos. O hóspede deve se oferecer para ajudar na cozinha, não insistindo, no entanto, se a dona da casa preferir fazer isso sozinha, pois há mulheres ciosas de seus domínios.

Hóspedes também recebem amigos, mas devem avisar à sua anfitriã e esta, discretamente, os deixará à vontade, não necessitando aparecer, mas será uma cortesia se for cumprimentar a visita. Vale a recíproca: quando os donos da casa recebem visitas, o hóspede será discreto, deixando os amigos conversarem livremente. Já em jantares e festas em casa, procurará participar com simpatia.

Retribuição

Presentes são dados ao chegar e, durante a estada na casa dos amigos, uma e outra pequena atenção (flores, bombons) são bem recebidas como gentilezas e, por isso mesmo, não devem ser constantes, porque acabam gerando constrangimento. Usa-se hoje, nas famílias de classe média, colaborar com o rancho da casa, mas o oferecimento deve ser feito com tato. Entre pessoas jovens, em fase de construção de vida, o hóspede não pode pesar no orçamento mensal. É sempre gentil convidar os anfitriões para jantar fora, a escolha do local pode ser do hóspede de acordo com sua disponibilidade de dinheiro ou sugerida pelos convidados que, neste caso, optarão por restaurantes de padrão médio.

Gorjetas devem ser dadas aos empregados e entregues pessoalmente: "Para você comprar uma lembrancinha". É conveniente falar antes com a dona da casa, pois gratificações muito generosas em relação ao ordenado provocam constrangimento aos patrões.

Ao voltar à sua vida normal, o hóspede telefonará ou escreverá agradecendo e enviando flores (há floristas que através de convênio servem várias cidades).

Locais Públicos

O respeito pelo próximo deve pautar todo o comportamento fora de casa, numa dimensão mais objetiva de gestos e atitudes. Isto significa que falar alto, empurrar as pessoas ou cercear-lhes a passagem com um carrinho no meio do corredor de um supermercado é perturbar a vida alheia em seu cotidiano. Se hoje, com o acesso da mulher às diferentes áreas profissionais, o homem ficou mais à vontade neste convívio, menos cerimonioso em relação a ela, nem por isso certas regras de cortesia são esquecidas no comportamento dele.

Na rua

Ao atravessar a rua, é sinal de atenção o homem pegar levemente o braço de sua companheira, mesmo que não tenha intimidade. Caminhando, cabe a ele ficar do lado de fora da calçada. A origem desta atitude é muito antiga e tinha sua razão: proteger a dama das pedras ou dos respingos d'água quando as carruagens passavam. Se hoje elas não mais existem, há um tráfego intenso, não sendo, afinal, absurdo este hábito que é sinal de boa educação.

São as crianças e os jovens que costumam andar na rua em grupos, impedindo o livre trânsito dos pedestres. É preciso deixar espaço numa calçada. Um casal de braço, com duas crianças pela mão, como é freqüente observar, pode causar o mesmo problema. Toda vez que se cruzar com um pedestre desvia-se sempre pelo lado direito.

Ao parar para conversar com uma moça na rua, o rapaz educado não fica apoiado displicentemente na parede de um prédio, mas mantém uma postura correta, que é sinal de consideração pela garota. O corpo possui uma linguagem que é muito forte.

Escadas

Ao subir uma escadaria que dá acesso a um prédio público, o casal andará lado a lado ou ele irá um pouco à frente dela. É uma atitude simbólica de quem conduz, abre caminho. Ao descer, ela é que irá à frente. Nas escadas rolantes, fica-se sempre à direita, deixando o lado livre para quem deseja subir os degraus, para ser mais rápido. O mesmo vale em esteiras dos aeroportos internacionais.

Porta

Um homem educado abre a porta para a mulher, e fica de lado, deixando-a passar. Não é só por cavalheirismo que se assume esta atitude, mas como deferência: o mais jovem fará o mesmo com uma pessoa mais velha; o subordinado com seu superior. Com as portas vaivém, ao passar, segura-se sempre a porta para a pessoa que está vindo atrás. As giratórias, comuns em hotéis e grandes lojas, com suas repartições, devem ser usadas vagarosamente, evitando atropelos para quem as está utilizando ao mesmo tempo.

No elevador

Com a porta dele se procede da mesma forma em relação a quem entra depois. É delicadeza deixar passar uma senhora mais velha ou uma jovem com criança pequena. Não se conversa no elevador, e um homem que estiver de chapéu ou um rapaz de bonezinho devem descobrir-se, se houver senhoras. Ao encontrar amigos, não se estende a mão. É sinal de cortesia agradecer ao ascensorista ou a quem dá passagem. Ao sair, deve-se ter o cuidado de não largar a porta se vier outra pessoa atrás.

No carro

Ao entrar no automóvel, se a mulher não ocupar a direção, e houver cerimônia, o homem abrirá a porta para que ela entre. O lugar de honra é ao lado do motorista. Assim, quando um casal leva uma outra senhora em seu carro, a esposa cederá seu lugar e sentar-se-á no banco traseiro. Se for motorista profissional, o lugar de honra é atrás, à direita. Quando dois casais estão no carro, o amigo fica ao lado do motorista; sua mulher senta-se no banco traseiro, à esquerda da outra. O civilizado, no entanto, é sentar um casal na frente, o outro, atrás.

No táxi

Ao pegar um carro, se houver alguém dentro pagando, espera-se que saia para só então entrar, pois seria a mesma coisa que tomar posse de uma casa quando o inquilino anterior ainda não a liberou. É a mulher que entra primeiro, sendo mais correto o companheiro em carro de quatro portas dar a volta e entrar pela outra porta, para que ela não tenha que deslizar sobre o banco dando espaço a ele. Ao saírem do táxi, ele vai primeiro para ajudá-la. O mesmo comportamento gentil terá uma mulher jovem em relação à mais velha ou a quem deseje tratar com deferência. Num táxi, exceto quando há separação com vidro para preservar a intimidade dos passageiros, evitam-se assuntos íntimos, discussões e temas políticos, dependendo do regime do país. Em viagem, conversar com o motorista, às vezes, é muito útil, pois eles são bons informantes da vida de uma cidade.

A gorjeta, na maioria dos países estrangeiros, é compulsória: de 20% a 30% sobre a despesa correspondente à quilometragem percorrida.

Na igreja

O mínimo que se exige numa igreja ou templo religioso é respeito durante os ofícios, mesmo não se comungando da mesma fé. Às vezes é um compromisso social que nos leva até lá, e recomenda-se assumir as mesmas atitudes dos praticantes da religião. Isto quer dizer não ficar sentado à hora da comunhão; os homens numa sinagoga usarem solidéu, cobrindo a cabeça. Outro sinal de respeito é não cruzar as pernas durante o ato religioso. Conversar animadamente numa igreja é evidência de má educação.

Em relação ao traje feminino, a Igreja Católica na Europa é bem mais rigorosa do que na América. Há párocos de lá que não permitem a entrada de mulheres de calça comprida. Vestidos muito decotados, com alcinhas ou tomara-que-caia são incompatíveis com o ambiente. Por isso, nos casamentos, muitas senhoras adotam estolas ou casaquinhos que serão retirados durante a recepção.

No cinema

Amigos e namorados assumiram hoje o descontraído sistema de cada um pagar seu ingresso. A moça entra na frente dele na fila e paga sua entrada, evitando o gesto deselegante de estar dando dinheiro em público ao companheiro. Ao entrar no cinema, ele irá um pouco à frente dela, mas ao passar por uma porta, deixará que ela entre primeiro. Quando escolherem a fila onde vão sentar, ele vai à frente, abrindo caminho, fica de pé junto à primeira cadeira vazia até que ela sente, na próxima.

Conversar, comer bala fazendo barulho com o papel, abrir os cotovelos é perturbar o público. Os bons hábitos devem ser cultivados nas crianças desde cedo, para se habituarem a respeitar o bem-estar do próximo. Os namorados, antes de unirem suas cabeças, perturbando a visão dos espectadores, devem verificar se não há pessoas sentadas atrás deles.

A pontualidade é o requisito próprio de um público bem-educado. Numa sessão com o filme iniciado, pensa-se duas vezes antes de fazer uma fila inteira levantar. Melhor é optar por uma poltrona na lateral.

No teatro

Quem chega atrasado fica nas últimas filas ou até de pé, aguardando o intervalo para dirigir-se à sua poltrona. É como acontece nos centros culturais mais evoluídos, tanto na Broadway como em Londres, que dão o exemplo que pouco a pouco passa a ser seguido no Brasil, por imposição dos próprios artistas. Há pianistas que ficam diante do piano, olhando para a platéia que ainda se movimenta, até começar a tocar.

Aplausos

O comportamento no teatro é mais respeitoso ainda que no cinema. Em apresentações de música erudita, quando consta no programa um concerto ou uma sinfonia dividida em movimentos, não se aplaude nas pausas. São momentos em que espectadores e músicos se descontraem. Quem não está habituado a concertos, é recomendável que observe o comportamento da maioria do público para então bater palmas.

Gorjetas

Teatros de bom nível possuem uma chapelaria organizada, e, tanto na Europa como nos Estados Unidos, não é de bom-tom ficar com casacos no braço, ao acomodar-se. Quanto às peles, as mulheres não são mais tão confiantes e permanecem com um mantô nas costas. Impermeáveis, casacões e guarda-chuvas ficam sempre na chapelaria. É entregue uma ficha para a retirada dos abrigos ao final, havendo um preço estipulado pelo teatro. Usa-se deixar o troco. Já os empregados que distribuem os programas gratuitos são gratificados e o mesmo se faz com aquele que conduz o espectador à sua poltrona. Quanto? O mínimo de meio dólar.

No cabeleireiro

Quando a (o) cliente está diante do espelho, sendo atendida (o) pelo profissional, as pessoas que estão perto não devem interferir na conversa deles. Ainda que não haja divisória de ambiente, a privacidade naquele momento deve ser respeitada. Tanto os outros profissionais do salão como demais clientes que necessitarem falar com o (a) cabeleireiro (a) ou a (o) cliente deverão pedir licença para fazê-lo. O próprio cabeleireiro, ao ser chamado ao telefone, terá a mesma consideração com a cliente que está atendendo.

No restaurante

Ao chegar, mesmo havendo mesas vazias, deve-se aguardar que o *maître* venha atender e conduza os clientes à mesa. Bons restaurantes têm chapelaria e o *maître* encaminha os agasalhos; outros possuem cabides que ficam à vista e, na saída, é o garçom que ajuda a vestir os casacos.

❏ A mulher senta-se de frente para o ambiente, ficando com a visão mais agradável, e o companheiro puxará a cadeira para ela sentar, caso o garçom não tenha tomado esta atitude. O cavalheiro senta-se na cadeira junto ao corredor, mas, se o casal tiver uma convidada e a mesa for de quatro lugares, as duas senhoras sentam-se lado a lado, ele sozinho em frente a elas. Não é elegante, no entanto, as mulheres ficarem todas juntas e os homens do outro lado da mesa. No restaurante, as pessoas sentam como se fosse um jantar em sua residência.

❏ Quem é convidado para um restaurante evita escolher os pratos mais caros. Há estabelecimentos de categoria que têm dois menus, um sem os preços, oferecido à senhora. Mesmo assim, ela não optará por Camarões à Punta del Este ou Lagosta à Thermidor sabendo que são opções de maior custo. É mais prático solicitar que o companheiro dê as sugestões.

❏ Ao formar um grupo, cada um de seus integrantes fará seu cardápio no mesmo nível dos demais se a despesa for dividida equitativamente. Caso contrário, o garçom, ao receber os pedidos, é informado de que deverá tirar notas individuais, pois há quem goste de ter a liberdade de escolher de acordo com seu próprio orçamento.

❏ Primeiro são pedidos os pratos salgados e a bebida. Quando se terminar de comer, pedem-se queijos, ou sobremesa, ou frutas. Para saber fazer um cardápio próprio num restaurante é preciso conhecer as regras da seqüência de pratos. Por fim, café ou chá e licores.

❏ Toda vez que a mulher deseja solicitar um copo d'água, a substituição do guardanapo que caiu no chão ou dar outra ordem, não deve fazê-lo diretamente ao garçom, mas pedir ao seu companheiro que o faça.

❏ É conveniente que o anfitrião chegue um pouco mais cedo que seus convidados, aguardando-os na sala de espera do restaurante ou, na falta desta, na própria mesa. Se isto não ocorrer e os convidados chegarem, cabe dizer ao *maître* que são convidados de Fulano de Tal, e este determinará onde poderão aguardar.

❏ Quem convida um grupo para jantar pode fazer um cardápio igual para todos e, neste caso, não é apresentado aos convidados o menu. É claro que houve reserva e escolha prévia com o *maître*, mais a recomendação de que a conta seja apresentada fora da mesa ou enviada no dia seguinte ao endereço determinado. Se uma mulher for a anfitriã, procederá da mesma forma.

❏ Toda vez que uma senhora se levanta da mesa, o companheiro levanta-se ou faz menção de levantar; quando ela retorna, a mesma coisa. Por isso, quando encontra amigos comendo num restaurante, uma mulher não fica de pé conversando: ou os cavalheiros bem-educados se levantam enquanto ela conversa, ou se mantêm sentados, passando por descorteses.

Fumar

Saber segurar elegantemente um cigarro era somar charme para uma mulher. O cinema aproveitou-se bastante do cigarro ao mostrar um casal envolto pela fumaça. Galãs do passado tinham sua sedução fortalecida pegando o cigarro com o polegar e o indicador. Os tempos mudaram e muito depressa em relação ao cigarro, considerado um vício indesejável que discrimina as pessoas. Restaurantes reservam espaço só para fumantes; aviões e trens também, e começaram a aparecer hotéis cinco estrelas com andares exclusivos para hóspedes que fumam.

❏ O fumante deve entender, ao chegar numa residência em que os donos da casa sequer têm cinzeiros por perto, que ali não se fuma. Respeita-se quem teme o fumo como quem acredita em outra religião, mas haverá sempre um terraço ou uma janela a ser aberta na casa em que se está de visita.

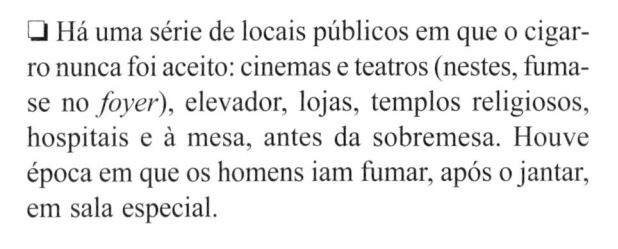

❏ Há uma série de locais públicos em que o cigarro nunca foi aceito: cinemas e teatros (nestes, fuma-se no *foyer*), elevador, lojas, templos religiosos, hospitais e à mesa, antes da sobremesa. Houve época em que os homens iam fumar, após o jantar, em sala especial.

❏ Existem regras de etiqueta em relação ao fumo que persistem até hoje. Uma mulher não acende, em público, o cigarro de um homem; se este acende o cigarro dela, também apagará o fósforo ou o isqueiro. Não se acendem três cigarros com o mesmo lume, em decorrência de uma superstição surgida na guerra da Criméia. Diziam os soldados que o terceiro lume facilitaria o alvo para o inimigo. Ao chegar a uma casa ou cumprimentar alguém, não cabe estar fumando. Um hábito dos mais deselegantes é falar com o cigarro preso aos lábios.

VIAGEM

Viajar é um investimento caro e, por isso mesmo, deve ser muito bem planejado. A pontualidade é condição fundamental para evitar tensões e desgaste emocional tanto para quem viaja a negócios como fazendo turismo. O lazer representa disciplina, quando se cumpre um roteiro que prevê embarques, *tours* e aquisição de ingressos para teatro. Mesmo não sabendo falar com fluência uma língua estrangeira, deve-se aprender a agradecer e a dizer "por favor". Um sorriso ao pedir a direção de uma rua é capaz de milagres.

Quem espera encontrar numa viagem o mesmo tipo de alimentação de casa, desista, deve valorizar as novas experiências em todos os sentidos. Uma boa dose de bom humor faz parte da bagagem do turista que enfrenta imprevistos, por mais planejado que tenha sido o roteiro. O lazer é por vezes cansativo, perturbando os ânimos. Por isso, quando se estiver cansado, o melhor é evitar discussões com os companheiros e recolher-se ao hotel. Energias são despendidas e o consumo visual é tão grande que há um limite que o turista inteligente reconhece; a hora em que não acha mais interesse em nada.

Bagagem

Ao fazer a mala, já se está condicionando o conforto pessoal para viajar bem, de acordo com um estilo de vida temporário. Muita bagagem serve só para atrapalhar. O ideal é, conforme o tipo de viagem, organizar um guarda-roupa pequeno, flexível e sumamente prático. Por isso, evitam-se tecidos que amarrotam.

Muito útil é colocar no fundo da mala uma sacola leve vazia, que servirá tanto para um fim de semana, quando se deixa a bagagem maior no hotel da cidade-base, quanto, na volta, para trazer as compras. Ao afivelar as malas, por dentro e por fora, deve-se colocar cartão de identificação com o endereço permanente do turista, pois é freqüente o extravio de bagagem.

Em viagens de avião para enfrentar clima diferente é conveniente levar uma pequena valise de mão, para não ser despachada. Se você está em plena temporada de calor e viaja para o frio, embarque com calça e camiseta de verão e coloque na malinha de mão seu casaco, manta, luvas e meias quentes. No banheiro do aeroporto, troque de acessórios e vista o casaco. No retorno para o clima quente, faça o contrário.

Roupas

A partir do esquema de cores são selecionadas peças coordenáveis entre si, com sapatos e bolsas numa cor básica. Isto vale tanto para a mulher como para o homem. A turista do tipo jovem senhora, que vai enfrentar inverno rigoroso em cidades, levará um impermeável com forro removível, um mantô para usar todo o dia, um *tailleur* (*blazer*, saia e calça), blusas de viscose e malha, um colete e um cardigã. Não pode faltar o vestido preto clássico para noite. Combinar saia e blusa em mono-tom é sempre preferível. Botas, dois sapatos confortáveis e um de salto; a bolsa de viagem, uma carteira que pode ser usada a tiracolo e uma bolsinha para noite são o suficiente. Algumas echarpes para variar os trajes e bijuterias em vez de jóias (estas só preocupam) complementam. Para enfrentar climas quentes, eliminam-se as botas e o mantô de lã, mas não o impermeável.

Quem vai cumprir programação social como ocorre em congressos, de acordo com os eventos, inclui uma ou duas roupas de noite, também práticas. Adequados são os *tailleurs* pretos que tanto podem ser combinados com blusa bordada como com uma sóbria camisa de seda. A roupa de homem segue os mesmos princípios de conforto e praticidade.

Da bagagem que provê o visual faz parte, além do *nécessaire* de cosméticos e maquiagem, um minicostureiro com linhas na cor das roupas, o estojo de unhas (manicuras são raras e custam caríssimo no exterior) e uma bolsinha com os remédios básicos, pois ninguém está livre de uma dor de ouvidos durante a noite.

Ônibus

É o meio de transporte mais comum. Em excursões maiores, pode-se passar uma ou duas semanas viajando de ônibus. A cortesia começa na entrada do veículo. Não havendo lugares marcados, chega-se mais cedo e forma-se a fila. Quem fica junto da janela nem por isso deve considerar-se dono dela. Se houver sol importunando o passageiro ao lado ou vento prejudicando quem está resfriado, não se espera uma solicitação para puxar a cortina ou fechar o vidro. Nos *tours*, toda vez que se retorna ao ônibus após uma parada, deve-se obedecer aos lugares ocupados por cada passageiro no início da viagem, não sentando junto à janela ou mais à frente do veículo, se o que ocupava aquele lugar voltou depois.

Existe uma ética para o turista, tornando-o respeitado pelos companheiros de viagem. O comportamento num ônibus não difere muito do que se tem numa viagem aérea.

Avião

O espaço é mínimo na classe turista, assim, o passageiro cortês deve procurar manter-se em sua poltrona, sem abrir muito o jornal estendendo os braços. Ao comer, manterá os cotovelos bem junto ao corpo. Convém olhar para o passageiro que está atrás antes de inclinar a poltrona: se ele ainda estiver com a mesinha aberta, o movimento brusco poderá ser desastroso.

Em longas rotas, há uma tendência natural de conversar. Respeita-se, no entanto, o vizinho mais reservado que responde com monossílabos às perguntas que se faz sobre o tempo do vôo ou detalhes do serviço. Se houver um clima mais aberto para a troca de idéias, ao chegar ao destino, cabe a auto-apresentação, mas a iniciativa será sempre do homem em relação à mulher, da pessoa mais moça para a mais velha.

Trem

A passagem de trem dá direito ao lugar e local, com bagageiro para valise pequena e sacola. Quem tiver muita bagagem, despache ou deixe no espaço reservado às malas que há em todos os vagões, para não perturbar os passageiros. Nos vagões *pullmann*, com beliche, a passagem que tem marcado o leito inferior dá direito ao assento junto à janela. Ao entrar na cabine do trem, o passageiro bem-educado cumprimentará os que já estão sentados. Em viagens internacionais o mais comum é dizer bom-dia, boa-tarde ou boa-noite no idioma do país ou em inglês.

Navio

São as viagens que incluem luxo e o máximo de bem-estar. Ao vender a passagem, a agência de navegação fornece a programação do cruzeiro, onde fica estipulado o traje que os passageiros de primeira classe usarão para determinadas ocasiões, inclusive gala. Os cruzeiros pressupõem descontração, e os turistas, comumente, passam o dia de maiô, shorts e roupas esportivas. À hora do jantar, exige-se traje passeio (*blazer* e gravata), o que significa uma roupa mais sofisticada para as mulheres: pantalonas, túnicas, bijuterias e cabeças bem penteadas.

Participar da mesa do comandante é sempre uma deferência que o passageiro deve aceitar. Não sintonizando com os companheiros da mesa constituída pelos oficiais de bordo, pode-se pedir a transferência para outra.

Hotel

A experiência de viagem diz que se deve sempre fazer reservas em hotéis, mesmo por uma noite, porque a tendência é não ser recebido com a mesma atenção dispensada ao hóspede aguardado, sem falar na possibilidade de falta de lugar. Nos aeroportos, há um serviço para fazer reserva ao qual se pode recorrer. Em fins de semana, quando os hotéis de grandes cidades ficam vazios, conseguem-se, através daqueles serviços, tarifas bem mais baixas.

Quando o quarto não corresponder à expectativa ou houver problemas no funcionamento de banheiro, aquecimento ou muito barulho na rua, deve-se pedir à portaria transferência para outro dormitório. Um problema pode ser o colchão, nos hotéis de três estrelas. Poucos turistas sabem que, no exterior, a pedido do hóspede, é fornecida uma tábua que será colocada entre o lastro da cama e o colchão, evitando males da coluna.

Quando se freqüenta muitos hotéis numa viagem, presta-se atenção ao preço da diária e o que está incluído para não haver surpresas desagradáveis ao pagar a conta. Estas situações acabam gerando discussões que fogem ao ritmo descontraído que garante o bom humor do turista.

Gorjetas

Todo serviço extra deve ser gratificado. Um *concièrge*, responsável pela portaria dos hotéis, ou um funcionário da recepção, pode resolver muitas situações: mandar comprar ingressos para teatro; recomendar um restaurante e fazer reservas. Esta gorjeta vai de um dólar ou mais, dependendo da categoria do hotel. Quanto mais cara a diária, mais altas as gorjetas. Às camareiras, se a permanência for de mais de uma semana, costuma-se gratificar no meio da estada. Não se deixa o dinheiro sobre a mesa ou num cinzeiro: em bons hotéis o pessoal de serviço é instruído para não tocar em nada. Entrega-se a gorjeta em mão ou deixa-se num envelope dirigido à camareira.

Nos Estados Unidos e na Europa, o percentual de gorjeta para o motorista de táxi é 10 %, enquanto o garçom costuma receber 15% da despesa.

Visitas

Quem chega a uma cidade telefona primeiro aos amigos, mesmo que saiba ser do conhecimento deles sua presença. As visitas são recebidas, de preferência, no *lobby* (ambiente de estar junto à portaria) ou em salas especiais. Em alguns hotéis não são permitidas visitas nos dormitórios e isto deve ser respeitado. É prudente, ao chegar, ler o regulamento, em geral pendurado numa tabuleta atrás da porta do quarto ou numa pasta sobre a escrivaninha.

Encomendas

Quando se faz o oferecimento para levar uma encomenda, é preciso usar de franqueza: "Viajo de avião, tenho pouco espaço, mas dá para um pacotinho". Estes pacotes não devem conter alimentos perecíveis e avisa-se que uma embalagem de presente pode ser desfeita num controle de alfândega. Usa-se no pacote o mesmo procedimento das cartas: número do telefone para avisar o destinatário onde buscar sua encomenda (Ver CORRESPONDÊNCIA).

Recomendações

Muitas pessoas gostam de recomendar, através de uma carta de apresentação, um amigo a outro amigo que reside na cidade visitada. Costumam também mandar pacotes. Nem sempre o programa de viagem permite travar novas amizades e, às vezes, é arriscado destinar uma tarde a quem não se conhece, tempo precioso e que custa dinheiro. Se não houver encomenda nem interesse pela nova relação, basta telefonar no final da temporada transmitindo os cumprimentos do amigo comum e dando notícias dele.

BIBLIOGRAFIA

CALDERARO, Marta. *Etiqueta e boas maneiras*. Rio de Janeiro: Nova Fronteira, 5ª edição, 1983.

CARVALHO, Marcelino de. *Guia de boas maneiras*. Brasília: Editora Nacional, 12ª ed., 1977.

___ *Só para homens*, 1969.

CURNONSKY. *Cuisine et Vins de France*. Paris: Larrousse, s. d.

DEBRETT'S. *Etiquette & Modern Manners*. Londres: Times, 1982.

EEKHOF-STORK, N. *Les Fromage: Guide Mondial*. Amsterdam: VNU Books International, 1976.

FLORES, W. Fernandez. *Etiqueta masculina*. Barcelona: Iberia, 1957.

FORD, Charlotte. *Book of Modern Manners*. Nova Iorque: Simon and Shuster, 1980.

GANDOUIN, Jacques. *Guide du Protocole et des Usages*. Paris: Stock, 1972.

GIÃO, Ana São. *Etiqueta e boas maneiras*. Lisboa: Edição 70, 1988.

GRAY, Winifred. *You and your wedding*. Nova Iorque: Bantam Books, ed. rev., 1986.

MACLEAN, Sarah. *Etiquette and Good Manners*. Londres: Arthur Barker, 1964.

PITIGRILLI. *Não se come frango com as mãos*. Rio de Janeiro: Yecchi, 1962.

POST, Elisabeth L. *Emily Post Entertaining.* Nova Iorque: Harper & Row, 1987.

___ *Emily Post on Etiquette*, 1987.

POST, Emily. *Etiquette.* Nova Iorque: Funk & Wagnalls, ed. rev. e amp., 1945.

THE RANDON HOUSE VEST POCKET HANDBOOK OF ETIQUETTE. Nova Iorque: Random House, 1962.

SAVOIR VIVRE. Paris: Larrouse, 1966.

STEWART, Marjabelle Young. *The New Etiquette.* Nova Iorque: St. Martin's Press Inc/. 1987.

Índice Analítico

A

abacate, 105
abacaxi, 105
agradecimento, 159, 171, 173
aia, 145, 150
alcachofra, 95
alface, 96
aliança, 144,155
anfitriões, 15, 16, 20, 174, 185
aniversário, 126, 160, 166
aparador, 82
apresentação, 15
aperto de mão, 20
aplausos, 182
aspargos, 95
assuntos, 18, 48
auto-apresentação, 17, 191
autoridades, 40
avião, 191
azeitonas, 96

B

bagagem, 174, 188
banana, 106
bandeja, 73, 82
bar, 115
Bar mitzvah, 131
Bat mitzvah, 132

bebidas, 61, 81, 93
beija-mão, 21
beijo, 21, 22
bodas, 160
bolo, 156, 160
brindes, 122
brunch, 87
bufê, 73
buquê, 150, 157

C

cabelereiro, 183
cafezinho, 82
cálices, 65, 71
caranguejo, 96
cardápio, 57, 73, 87
carrinho auxiliar, 86
carro, 179
carta, 27
cartão, 23-26, 157, 159, 173
cartão de visita, 23, 170
cartão-postal, 29
cartão profissional, 25
casamento, 135, 144, 159
caviar, 98
cerimônia, 136, 149
chá, 83
chá de bar, 145
chá de panela, 145
chá do bebê, 169

chapelaria, 183
chapéu, 154, 156
chuva de arroz, 157
cinema, 181
cinzeiros, 72, 186
comida, 58
consultório, 21
conta, 185
conversa, 15, 43, 171, 191
convite, 33, 125, 132, 136, 138, 160, 174
copos, 116
copo d'água, 114, 185
coquetel (*cocktail*), 111
coquetel souper (*cocktail-souper*), 113
correspondência, 27, 30, 31, 40
cortejo, 143, 148, 149, 134, 159
cravo de lapela, 141, 148
cumprimentos, 19, 153, 192

D
debut, 122
decoração da mesa, 67
despedida, 113
despesas, 144
divorciado, 138, 153, 158
divulgação, 120
doentes, 170
drinques, 113

E
elevador, 178
embalagens, 165
encomendas, 195
enterro, 172
envelope, 138
enxoval do bebê, 170
ervilhas, 98
escadas, 177
escargô, 98
espectador, 181
esquecimento, 17
expressões usuais, 16

F
festas, 109, 128
flores, 24, 144, 160, 164, 175
fondue, 99
fotografia, 148, 156
frango, 100
fraque, 141
frutas, 105
fumo, 186

G
gafes, 46
gastronomia, 62
gestos, 44, 176
gorjeta, 176, 180, 182, 194
guardanapo, 66, 88

H
hábitos, 174
hierarquia, 15
horário, 112, 174
hóspedes, 174
hospital, 170
hotel, 193

I
igreja, 148, 180
impressos, 137
ingressos, 119
in memoriam, 138

J
jantar, 58, 59
jovens, 73

L
lagosta, 100
laranja, 106
lavanda, 71
lembrancinhas, 157
lembrete, 36
lista de presentes, 146, 147
lista de presença, 170, 172, 173
lugares, 76, 88, 121, 191
luvas, 22, 127

M
manga, 106
massa, 102
menu, 59
mesa, 55, 85
mexilhões, 102
milho, 102
missa, 160
missal, 142
molho, 70
monograma, 147
morangos, 106

N
nascimentos, 169
navio, 192
noivado, 135
noivos, 136, 148
nome, 17

O
ônibus, 190
open house, 162
ostras, 69, 103

P
pacote, 164
padrinhos, 143
paliteiro, 72
pão, 70, 103
papel de carta, 30
participação, 140
patê, 103
patronesse, 118
pêra, 106

pêsames, 171
porta, 178
pratos, 58
precedências, 15, 76
presentes, 130, 146, 163
protocolo, 21

Q
queijos, 104

R
realeza, 42
recados, 37, 51
recepções, 21, 111, 142, 155, 160
referências, 16
relógio, 141
reserva, 193
restaurante, 183
retribuição, 122, 175
rolha, 63
rosário, 142

S
salada, 70
salgados, 115
sapato, 126
saudações, 164
secretária eletrônica, 53
senhoras, 43
serviço, 75, 85
sinagoga, 154, 180
sobremesa, 75
sopa, 81, 92
solidéu, 180
sorbet, 60
sousplat, 71

T
talheres, 69, 89
táxi, 179
teatro, 182
telefone, 27, 34, 49, 169, 195
timbre, 30
títulos, 137
toalha, 66
traje no convite, 38
trajes, 126, 132, 140, 173, 180, 189, 192
tratamento, 40
trem, 192

U
uvas, 107

V
valsa, 105
velas, 68
velório, 172
véu, 150, 154
viagem, 187
vinho, 62
visitas, 169, 194
viúvos, 158, 171

ÍNDICE

Primeiras palavras da Autora 9

I – Comunicação Verbal e Escrita 13
Apresentação 15
Precedências 15
Expressões usuais 16
Referências 16
Auto-apresentação 17
Ao esquecer o nome 17
Individualidade da mulher 18
Cumprimentos 19
Quem cumprimenta primeiro 19
O aperto de mão 20
Quando levantar 20
Recepções oficiais 21
Sem aperto de mão 21
A luva 22
O beijo social 22
Cartão de visita 23
Dobras no cartão 23
Uso do cartão 24
Cartão do casal 25
Cartão profissional 25
Modelo de cartão 26
Correspondência 27
Como escrever 28

A carta 28
Cartão-postal 29
Papel de Carta 30
Cartões 30
Abrindo a correspondência 31
P. E. O. 31
Fax 32
Correspondência virtual 32
Convite 33
Como convidar 34
Recebendo o convite 35
Quem convida 36
Quando não convidar 36
Recados 37
Amigos de amigos 37
R. S. V. P. 37
Tipo de traje no convite 38
Tratamento 40
Realeza 42
Senhoras 43
Conversa 43
Gestos 44
Início de conversa 45
Falar demais 45
Interrupções 46
Gafes 46
Falar correto 47
Entrosamento 47

Assuntos 48
Atualização 48
TELEFONE 49
Horário 49
Como falar 50
Celular 51
Quem se despede 52
Secretária eletrônica 53

II – A MESA 55
O CARDÁPIO 57
Racionalidade 58
Comida 58
Equilíbrio 59
Seqüência 60
Últimos retoques 61

BEBIDAS 61
Vinho e gastronomia 62
Temperatura 62
Como servir 63
Tipos de cálices 65

MONTAGEM 65
Toalhas 66
Guardanapos 66
Decoração 67
Velas 68
Montagem do lugar 68
Talheres 69
Utensílios de uso individual 70

Bufê 73
A mesa 73
SERVIÇO 75
Distribuição dos lugares 76
Precedências 76
Ordem de serviço 77
Como servir 80
Sem empregados 81
O cafezinho 82

CHÁ 83
Como preparar 84
Cardápio do chá social 84
A mesa 85
Serviço 85
Carrinho auxiliar 86
Tradição inglesa 86
Atitudes 86

BRUNCH 87
Cardápio 87

ATITUDES À MESA 88
Manuseio dos talheres 89
Bebendo 93

COMO COMER CERTOS ALIMENTOS 94

III – FESTAS 109
COQUETEL 111
A recepção 111
Horário 112
Estilo de conversa 112

Despedida 113
Coquetel com prato quente 113
O preparo 114
Salgados 115
Bar doméstico 115
Copos 116
Promoção Beneficente 117
Liderança 118
Patronesses 118
Ingressos 119
Divulgação 120
Lugares em destaque 121
Atrações 121
Retribuição 122
Debut 122
Novas amizades 123
Convites 125
Trajes 126
Luvas 127
Desfile 127
A valsa 128
Festa particular 128
Presentes 130
Bar mitzvah 131
Bat Mitzvah 132
Convites 132
Trajes 132
Formatura 133
Diploma 134

CASAMENTO 135
Tipos de cerimônia 136
Convites 136
Impressos 137
Modelos de convites 139
Participação 140
Traje 140
Os padrinhos 143
Casamento duplo 144
Responsabilidades 144
Chá-de-panela 145
Lista de presentes 146
Presente em dinheiro 147
Monogramas 147
Rumo à igreja 148
A cerimônia 149
Entrada da noiva 153
Variações 153
Pais divorciados 153
Na sinagoga 154
A recepção 155
Chuva de arroz 157
Segundo casamento 158
Casamento em casa ou em clube 159
O novo casal 159
BODAS 160
Denominações 161
OPEN HOUSE 162
PRESENTES 163

Agrados 163
Como receber 164
Flores 164
Aniversário 166

IV – Fora de casa 167
Visitas 169
Nascimentos 169
Doentes 170
Discrição 170
Pêsames 171
Velório 172
Enterro 172
Manifestações 173
Agradecimentos 173
Hóspedes 174
Hábitos 174
Retribuição 175
Locais Públicos 176
Na rua 177
Escadas 177
Porta 178
No elevador 178
No carro 179
No táxi 179
Na igreja 180
No cinema 181
No teatro 182
Aplausos 182

Gorjetas	182
No cabeleireiro	183
No restaurante	183
Fumar	186
VIAGEM	187
Bagagem	188
Roupas	189
Ônibus	190
Avião	191
Trem	192
Navio	192
Hotel	193
Gorjetas	194
Visitas	194
Encomendas	195
Recomendações	195
BIBLIOGRAFIA	196
ÍNDICE ALFABÉTICO	198
ÍNDICE	202

Coleção L&PM POCKET (lançamentos mais recentes)

413. **De ratos e homens** – John Steinbeck
414. **Lazarilho de Tormes** – Anônimo do séc. XVI
415. **Triângulo das águas** – Caio Fernando Abreu
416. **100 receitas de carnes** – Sílvio Lancellotti
417. **Histórias de robôs**: vol. 1 – org. Isaac Asimov
418. **Histórias de robôs**: vol. 2 – org. Isaac Asimov
419. **Histórias de robôs**: vol. 3 – org. Isaac Asimov
420. **O país dos centauros** – Tabajara Ruas
421. **A república de Anita** – Tabajara Ruas
422. **A carga dos lanceiros** – Tabajara Ruas
423. **Um amigo de Kafka** – Isaac Singer
424. **As alegres matronas de Windsor** – Shakespeare
425. **Amor e exílio** – Isaac Bashevis Singer
426. **Use & abuse do seu signo** – Marília Fiorillo e Marylou Simonsen
427. **Pigmaleão** – Bernard Shaw
428. **As fenícias** – Eurípides
429. **Everest** – Thomaz Brandolin
430. **A arte de furtar** – Anônimo do séc. XVI
431. **Billy Bud** – Herman Melville
432. **A rosa separada** – Pablo Neruda
433. **Elegia** – Pablo Neruda
434. **A garota de Cassidy** – David Goodis
435. **Como fazer a guerra: máximas de Napoleão** – Balzac
436. **Poemas escolhidos** – Emily Dickinson
437. **Gracias por el fuego** – Mario Benedetti
438. **O sofá** – Crébillon Fils
439. **O "Martín Fierro"** – Jorge Luis Borges
440. **Trabalhos de amor perdidos** – W. Shakespeare
441. **O melhor de Hagar 3** – Dik Browne
442. **Os Maias (volume1)** – Eça de Queiroz
443. **Os Maias (volume2)** – Eça de Queiroz
444. **Anti-Justine** – Restif de La Bretonne
445. **Juventude** – Joseph Conrad
446. **Contos** – Eça de Queiroz
447. **Janela para a morte** – Raymond Chandler
448. **Um amor de Swann** – Marcel Proust
449. **À paz perpétua** – Immanuel Kant
450. **A conquista do México** – Hernan Cortez
451. **Defeitos escolhidos e 2000** – Pablo Neruda
452. **O casamento do céu e do inferno** – William Blake
453. **A primeira viagem ao redor do mundo** – Antonio Pigafetta
454(14). **Uma sombra na janela** – Simenon
455(15). **A noite da encruzilhada** – Simenon
456(16). **A velha senhora** – Simenon
457. **Sartre** – Annie Cohen-Solal
458. **Discurso do método** – René Descartes
459. **Garfield em grande forma (1)** – Jim Davis
460. **Garfield está de dieta** (2) – Jim Davis
461. **O livro das feras** – Patricia Highsmith
462. **Viajante solitário** – Jack Kerouac
463. **Auto da barca do inferno** – Gil Vicente
464. **O livro vermelho dos pensamentos de Millôr** – Millôr Fernandes
465. **O livro dos abraços** – Eduardo Galeano
466. **Voltaremos!** – José Antonio Pinheiro Machado
467. **Rango** – Edgar Vasques
468(8). **Dieta mediterrânea** – Dr. Fernando Lucchese e José Antonio Pinheiro Machado
469. **Radicci 5** – Iotti
470. **Pequenos pássaros** – Anaïs Nin
471. **Guia prático do Português correto – vol.3** – Cláudio Moreno
472. **Atire no pianista** – David Goodis
473. **Antologia Poética** – García Lorca
474. **Alexandre e César** – Plutarco
475. **Uma espiã na casa do amor** – Anaïs Nin
476. **A gorda do Tiki Bar** – Dalton Trevisan
477. **Garfield um gato de peso (3)** – Jim Davis
478. **Canibais** – David Coimbra
479. **A arte de escrever** – Arthur Schopenhauer
480. **Pinóquio** – Carlo Collodi
481. **Misto-quente** – Bukowski
482. **A lua na sarjeta** – David Goodis
483. **O melhor do Recruta Zero (1)** – Mort Walker
484. **Aline: TPM – tensão pré-monstrual (2)** – Adão Iturrusgarai
485. **Sermões do Padre Antonio Vieira**
486. **Garfield numa boa (4)** – Jim Davis
487. **Mensagem** – Fernando Pessoa
488. **Vendeta** *seguido de* **A paz conjugal** – Balzac
489. **Poemas de Alberto Caeiro** – Fernando Pessoa
490. **Ferragus** – Honoré de Balzac
491. **A duquesa de Langeais** – Honoré de Balzac
492. **A menina dos olhos de ouro** – Honoré de Balzac
493. **O lírio do vale** – Honoré de Balzac
494(17). **A barcaça da morte** – Simenon
495(18). **As testemunhas rebeldes** – Simenon
496(19). **Um engano de Maigret** – Simenon
497(1). **A noite das bruxas** – Agatha Christie
498(2). **Um passe de mágica** – Agatha Christie
499(3). **Nêmesis** – Agatha Christie
500. **Esboço para uma teoria das emoções** – Sartre
501. **Renda básica de cidadania** – Eduardo Suplicy
502(1). **Pílulas para viver melhor** – Dr. Lucchese
503(2). **Pílulas para prolongar a juventude** – Dr. Lucchese
504(3). **Desembarcando o diabetes** – Dr. Lucchese
505(4). **Desembarcando o sedentarismo** – Dr. Fernando Lucchese e Cláudio Castro
506(5). **Desembarcando a hipertensão** – Dr. Lucchese
507(6). **Desembarcando o colesterol** – Dr. Fernando Lucchese e Fernanda Lucchese
508. **Estudos de mulher** – Balzac
509. **O terceiro tira** – Flann O'Brien
510. **100 receitas de aves e ovos** – J. A. P. Machado
511. **Garfield em toneladas de diversão (5)** – Jim Davis
512. **Trem-bala** – Martha Medeiros
513. **Os cães ladram** – Truman Capote
514. **O Kama Sutra de Vatsyayana**
515. **O crime do Padre Amaro** – Eça de Queiroz
516. **Odes de Ricardo Reis** – Fernando Pessoa
517. **O inverno da nossa desesperança** – Steinbeck
518. **Piratas do Tietê (1)** – Laerte
519. **Rê Bordosa: do começo ao fim** – Angeli

520. **O Harlem é escuro** – Chester Himes
521. **Café-da-manhã dos campeões** – Kurt Vonnegut
522. **Eugénie Grandet** – Balzac
523. **O último magnata** – F. Scott Fitzgerald
524. **Carol** – Patricia Highsmith
525. **100 receitas de patisseria** – Sílvio Lancellotti
526. **O fator humano** – Graham Greene
527. **Tristessa** – Jack Kerouac
528. **O diamante do tamanho do Ritz** – Scott Fitzgerald
529. **As melhores histórias de Sherlock Holmes** – Arthur Conan Doyle
530. **Cartas a um jovem poeta** – Rilke
531. (20). **Memórias de Maigret** – Simenon
532. (4). **O misterioso sr. Quin** – Agatha Christie
533. **Os analectos** – Confúcio
534. (21). **Maigret e os homens de bem** – Simenon
535. (22). **O medo de Maigret** – Simenon
536. **Ascensão e queda de César Birotteau** – Balzac
537. **Sexta-feira negra** – David Goodis
538. **Ora bolas – O humor de Mario Quintana** – Juarez Fonseca
539. **Longe daqui aqui mesmo** – Antonio Bivar
540. (5). **É fácil matar** – Agatha Christie
541. **O pai Goriot** – Balzac
542. **Brasil, um país do futuro** – Stefan Zweig
543. **O processo** – Kafka
544. **O melhor de Hagar 4** – Dik Browne
545. (6). **Por que não pediram a Evans?** – Agatha Christie
546. **Fanny Hill** – John Cleland
547. **O gato por dentro** – William S. Burroughs
548. **Sobre a brevidade da vida** – Sêneca
549. **Geraldão (1)** – Glauco
550. **Piratas do Tietê (2)** – Laerte
551. **Pagando o pato** – Ciça
552. **Garfield de bom humor (6)** – Jim Davis
553. **Conhece o Mário?** vol.1 – Santiago
554. **Radicci 6** – Iotti
555. **Os subterrâneos** – Jack Kerouac
556. (1). **Balzac** – François Taillandier
557. (2). **Modigliani** – Christian Parisot
558. (3). **Kafka** – Gérard-Georges Lemaire
559. (4). **Júlio César** – Joël Schmidt
560. **Receitas da família** – J. A. Pinheiro Machado
561. **Boas maneiras à mesa** – Celia Ribeiro
562. (9). **Filhos sadios, pais felizes** – R. Pagnoncelli
563. (10). **Fatos & mitos** – Dr. Fernando Lucchese
564. **Ménage à trois** – Paula Taitelbaum
565. **Mulheres!** – David Coimbra
566. **Poemas de Álvaro de Campos** – Fernando Pessoa
567. **Medo e outras histórias** – Stefan Zweig
568. **Snoopy e sua turma (1)** – Schulz
569. **Piadas para sempre (1)** – Visconde da Casa Verde
570. **O alvo móvel** – Ross Macdonald
571. **O melhor do Recruta Zero (2)** – Mort Walker
572. **Um sonho americano** – Norman Mailer
573. **Os broncos também amam** – Angeli
574. **Crônica de um amor louco** – Bukowski
575. (5). **Freud** – René Major e Chantal Talagrand
576. (6). **Picasso** – Gilles Plazy
577. (7). **Gandhi** – Christine Jordis
578. **A tumba** – H. P. Lovecraft
579. **O príncipe e o mendigo** – Mark Twain
580. **Garfield, um charme de gato (7)** – Jim Davis
581. **Ilusões perdidas** – Balzac
582. **Esplendores e misérias das cortesãs** – Balzac
583. **Walter Ego** – Angeli
584. **Striptiras (1)** – Laerte
585. **Fagundes: um puxa-saco de mão cheia** – Laerte
586. **Depois do último trem** – Josué Guimarães
587. **Ricardo III** – Shakespeare
588. **Dona Anja** – Josué Guimarães
589. **24 horas na vida de uma mulher** – Stefan Zweig
590. **O terceiro homem** – Graham Greene
591. **Mulher no escuro** – Dashiell Hammett
592. **No que acredito** – Bertrand Russell
593. **Odisséia (1): Telemaquia** – Homero
594. **O cavalo cego** – Josué Guimarães
595. **Henrique V** – Shakespeare
596. **Fabulário geral do delírio cotidiano** – Bukowski
597. **Tiros na noite 1: A mulher do bandido** – Dashiell Hammett
598. **Snoopy em Feliz Dia dos Namorados! (2)** – Schulz
599. **Mas não se matam cavalos?** – Horace McCoy
600. **Crime e castigo** – Dostoiévski
601. (7). **Mistério no Caribe** – Agatha Christie
602. **Odisséia (2): Regresso** – Homero
603. **Piadas para sempre (2)** – Visconde da Casa Verde
604. **À sombra do vulcão** – Malcolm Lowry
605. (8). **Kerouac** – Yves Buin
606. **E agora são cinzas** – Angeli
607. **As mil e uma noites** – Paulo Caruso
608. **Um assassino entre nós** – Ruth Rendell
609. **Crack-up** – F. Scott Fitzgerald
610. **Do amor** – Stendhal
611. **Cartas do Yage** – William Burroughs e Allen Ginsberg
612. **Striptiras (2)** – Laerte
613. **Henry & June** – Anaïs Nin
614. **A piscina mortal** – Ross Macdonald
615. **Geraldão (2)** – Glauco
616. **Tempo de delicadeza** – A. R. de Sant'Anna
617. **Tiros na noite 2: Medo de tiro** – Dashiell Hammett
618. **Snoopy em Assim é a vida, Charlie Brown! (3)** – Schulz
619. **1954 – Um tiro no coração** – Hélio Silva
620. **Sobre a inspiração poética (Íon)** e ... – Platão
621. **Garfield e seus amigos (8)** – Jim Davis
622. **Odisséia (3): Ítaca** – Homero
623. **A louca matança** – Chester Himes
624. **Factótum** – Bukowski
625. **Guerra e Paz: volume 1** – Tolstói
626. **Guerra e Paz: volume 2** – Tolstói
627. **Guerra e Paz: volume 3** – Tolstói
628. **Guerra e Paz: volume 4** – Tolstói
629. (9). **Shakespeare** – Claude Mourthé
630. **Bem está o que bem acaba** – Shakespeare
631. **O contrato social** – Rousseau

632. **Geração Beat** – Jack Kerouac
633. **Snoopy: É Natal! (4)** – Charles Schulz
634(8). **Testemunha da acusação** – Agatha Christie
635. **Um elefante no caos** – Millôr Fernandes
636. **Guia de leitura (100 autores que você precisa ler)** – Organização de Léa Masina
637. **Pistoleiros também mandam flores** – David Coimbra
638. **O prazer das palavras** – vol. 1 – Cláudio Moreno
639. **O prazer das palavras** – vol. 2 – Cláudio Moreno
640. **Novíssimo testamento: com Deus e o diabo, a dupla da criação** – Iotti
641. **Literatura Brasileira: modos de usar** – Luís Augusto Fischer
642. **Dicionário de Porto-Alegrês** – Luís A. Fischer
643. **Clô Dias & Noites** – Sérgio Jockymann
644. **Memorial de Isla Negra** – Pablo Neruda
645. **Um homem extraordinário e outras histórias** – Tchékhov
646. **Ana sem terra** – Alcy Cheuiche
647. **Adultérios** – Woody Allen
648. **Para sempre ou nunca mais** – R. Chandler
649. **Nosso homem em Havana** – Graham Greene
650. **Dicionário Caldas Aulete de Bolso**
651. **Snoopy: Posso fazer uma pergunta, professora? (5)** – Charles Schulz
652(10). **Luís XVI** – Bernard Vincent
653. **O mercador de Veneza** – Shakespeare
654. **Cancioneiro** – Fernando Pessoa
655. **Non-Stop** – Martha Medeiros
656. **Carpinteiros, levantem bem alto a cumeeira & Seymour, uma apresentação** – J.D.Salinger
657. **Ensaios céticos** – Bertrand Russell
658. **O melhor de Hagar 5** – Dik e Chris Browne
659. **Primeiro amor** – Ivan Turguêniev
660. **A trégua** – Mario Benedetti
661. **Um parque de diversões da cabeça** – Lawrence Ferlinghetti
662. **Aprendendo a viver** – Sêneca
663. **Garfield, um gato em apuros (9)** – Jim Davis
664. **Dilbert 1** – Scott Adams
665. **Dicionário de dificuldades** – Domingos Paschoal Cegalla
666. **A imaginação** – Jean-Paul Sartre
667. **O ladrão e os cães** – Naguib Mahfuz
668. **Gramática do português contemporâneo** – Celso Cunha
669. **A volta do parafuso** seguido de **Daisy Miller** – Henry James
670. **Notas do subsolo** – Dostoiévski
671. **Abobrinhas da Brasilônia** – Glauco
672. **Geraldão (3)** – Glauco
673. **Piadas para sempre (3)** – Visconde da Casa Verde
674. **Duas viagens ao Brasil** – Hans Staden
675. **Bandeira de bolso** – Manuel Bandeira
676. **A arte da guerra** – Maquiavel
677. **Além do bem e do mal** – Nietzsche
678. **O coronel Chabert** seguido de **A mulher abandonada** – Balzac
679. **O sorriso de marfim** – Ross Macdonald
680. **100 receitas de pescados** – Sílvio Lancellotti
681. **O juiz e seu carrasco** – Friedrich Dürrenmatt
682. **Noites brancas** – Dostoiévski
683. **Quadras ao gosto popular** – Fernando Pessoa
684. **Romanceiro da Inconfidência** – Cecília Meireles
685. **Kaos** – Millôr Fernandes
686. **A pele de onagro** – Balzac
687. **As ligações perigosas** – Choderlos de Laclos
688. **Dicionário de matemática** – Luiz Fernandes Cardoso
689. **Os Lusíadas** – Luís Vaz de Camões
690(11). **Átila** – Éric Deschodt
691. **Um jeito tranqüilo de matar** – Chester Himes
692. **A felicidade conjugal** seguido de **O diabo** – Tolstói
693. **Viagem de um naturalista ao redor do mundo** – vol. 1 – Charles Darwin
694. **Viagem de um naturalista ao redor do mundo** – vol. 2 – Charles Darwin
695. **Memórias da casa dos mortos** – Dostoiévski
696. **A Celestina** – Fernando de Rojas
697. **Snoopy: Como você é azarado, Charlie Brown! (6)** – Charles Schulz
698. **Dez (quase) amores** – Claudia Tajes
699(9). **Poirot sempre espera** – Agatha Christie
700. **Cecília de bolso** – Cecília Meireles
701. **Apologia de Sócrates** precedido de **Êutifron** e seguido de **Críton** – Platão
702. **Wood & Stock** – Angeli
703. **Striptiras (3)** – Laerte
704. **Discurso sobre a origem e os fundamentos da desigualdade entre os homens** – Rousseau
705. **Os duelistas** – Joseph Conrad
706. **Dilbert (2)** – Scott Adams
707. **Viver e escrever** (vol. 1) – Edla van Steen
708. **Viver e escrever** (vol. 2) – Edla van Steen
709. **Viver e escrever** (vol. 3) – Edla van Steen
710(10). **A teia da aranha** – Agatha Christie
711. **O banquete** – Platão
712. **Os belos e malditos** – F. Scott Fitzgerald
713. **Líbelo contra a arte moderna** – Salvador Dalí
714. **Akropolis** – Valerio Massimo Manfredi
715. **Devoradores de mortos** – Michael Crichton
716. **Sob o sol da Toscana** – Frances Mayes
717. **Batom na cueca** – Nani
718. **Vida dura** – Claudia Tajes
719. **Carne trêmula** – Ruth Rendell
720. **Cris, a fera** – David Coimbra
721. **O anticristo** – Nietzsche
722. **Como um romance** – Daniel Pennac
723. **Emboscada no Forte Bragg** – Tom Wolfe
724. **Assédio sexual** – Michael Crichton
725. **O espírito do Zen** – Alan W.Watts
726. **Um bonde chamado desejo** – Tennessee Williams
727. **Como gostais** seguido de **Conto de inverno** – Shakespeare
728. **Tratado sobre a tolerância** – Voltaire
729. **Snoopy: Doces ou travessuras? (7)** – Charles Schulz
730. **Cardápios do Anonymus Gourmet** – J.A. Pinheiro Machado
731. **100 receitas com lata** – J.A. Pinheiro Machado
732. **Conhece o Mário?** vol.2 – Santiago
733. **Dilbert (3)** – Scott Adams

734. **História de um louco amor** *seguido de* **Passado amor** – Horacio Quiroga
735(11).**Sexo: muito prazer** – Laura Meyer da Silva
736(12).**Para entender o adolescente** – Dr. Ronald Pagnoncelli
737(13).**Desembarcando a tristeza** – Dr. Fernando Lucchese
738.**Poirot e o mistério da arca espanhola & outras histórias** – Agatha Christie
739.**A última legião** – Valerio Massimo Manfredi
740.**As virgens suicidas** – Jeffrey Eugenides
741.**Sol nascente** – Michael Crichton
742.**Duzentos ladrões** – Dalton Trevisan
743.**Os devaneios do caminhante solitário** – Rousseau
744.**Garfield, o rei da preguiça (10)** – Jim Davis
745.**Os magnatas** – Charles R. Morris
746.**Pulp** – Charles Bukowski
747.**Enquanto agonizo** – William Faulkner
748.**Aline: viciada em sexo (3)** – Adão Iturrusgarai
749.**A dama do cachorrinho** – Anton Tchékhov
750.**Tito Andrônico** – Shakespeare
751.**Antologia poética** – Anna Akhmátova
752.**O melhor de Hagar 6** – Dik e Chris Browne
753(12).**Michelangelo** – Nadine Sautel
754.**Dilbert (4)** – Scott Adams
755.**O jardim das cerejeiras** *seguido de* **Tio Vânia** – Tchékhov
756.**Geração Beat** – Claudio Willer
757.**Santos Dumont** – Alcy Cheuiche
758.**Budismo** – Claude B. Levenson
759.**Cleópatra** – Christian-Georges Schwentzel
760.**Revolução Francesa** – Frédéric Bluche, Stéphane Rials e Jean Tulard
761.**A crise de 1929** – Bernard Gazier
762.**Sigmund Freud** – Edson Sousa e Paulo Endo
763.**Império Romano** – Patrick Le Roux
764.**Cruzadas** – Cécile Morrisson
765.**O mistério do Trem Azul** – Agatha Christie
766.**Os escrúpulos de Maigret** – Simenon
767.**Maigret se diverte** – Simenon
768.**Senso comum** – Thomas Paine
769.**O parque dos dinossauros** – Michael Crichton
770.**Trilogia da paixão** – Goethe
771.**A simples arte de matar** (vol.1) – R. Chandler
772.**A simples arte de matar** (vol.2) – R. Chandler
773.**Snoopy: No mundo da lua! (8)** – Charles Schulz
774.**Os Quatro Grandes** – Agatha Christie
775.**Um brinde de cianureto** – Agatha Christie
776.**Súplicas atendidas** – Truman Capote
777.**Ainda restam aveleiras** – Simenon
778.**Maigret e o ladrão preguiçoso** – Simenon
779.**A viúva imortal** – Millôr Fernandes
780.**Cabala** – Roland Goetschel
781.**Capitalismo** – Claude Jessua
782.**Mitologia grega** – Pierre Grimal
783.**Economia: 100 palavras-chave** – Jean-Paul Betbèze
784.**Marxismo** – Henri Lefebvre
785.**Punição para a inocência** – Agatha Christie
786.**A extravagância do morto** – Agatha Christie
787(13).**Cézanne** – Bernard Fauconnier
788.**A identidade Bourne** – Robert Ludlum
789.**Da tranquilidade da alma** – Sêneca
790.**Um artista da fome** *seguido de* **Na colônia penal e outras histórias** – Kafka
791.**Histórias de fantasmas** – Charles Dickens
792.**A louca de Maigret** – Simenon
793.**O amigo de infância de Maigret** – Simenon
794.**O revólver de Maigret** – Simenon
795.**A fuga do sr. Monde** – Simenon
796.**O Uraguai** – Basílio da Gama
797.**A mão misteriosa** – Agatha Christie
798.**Testemunha ocular do crime** – Agatha Christie
799.**Crepúsculo dos ídolos** – Friedrich Nietzsche
800.**Maigret e o negociante de vinhos** – Simenon
801.**Maigret e o mendigo** – Simenon
802.**O grande golpe** – Dashiell Hammett
803.**Humor barra pesada** – Nani
804.**Vinho** – Jean-François Gautier
805.**Egito Antigo** – Sophie Desplancques
806(14).**Baudelaire** – Jean-Baptiste Baronian
807.**Caminho da sabedoria, caminho da paz** – Dalai Lama e Felizitas von Schönborn
808.**Senhor e servo e outras histórias** – Tolstói
809.**Os cadernos de Malte Laurids Brigge** – Rilke
810.**Dilbert (5)** – Scott Adams
811.**Big Sur** – Jack Kerouac
812.**Seguindo a correnteza** – Agatha Christie
813.**O álibi** – Sandra Brown
814.**Montanha-russa** – Martha Medeiros
815.**Coisas da vida** – Martha Medeiros
816.**A cantada infalível** *seguido de* **A mulher do centroavante** – David Coimbra
817.**Maigret e os crimes do cais** – Simenon
818.**Sinal vermelho** – Simenon
819.**Snoopy: Pausa para a soneca (9)** – Charles Schulz
820.**De pernas pro ar** – Eduardo Galeano
821.**Tragédias gregas** – Pascal Thiercy
822.**Existencialismo** – Jacques Colette
823.**Nietzsche** – Jean Granier
824.**Amar ou depender?** – Walter Riso
825.**Darmapada: A doutrina budista em versos**
826.**J'Accuse...! – a verdade em marcha** – Zola
827.**Os crimes ABC** – Agatha Christie
828.**Um gato entre os pombos** – Agatha Christie
829.**Maigret e o sumiço do sr. Charles** – Simenon
830.**Maigret e a morte do jogador** – Simenon
831.**Dicionário de teatro** – Luiz Paulo Vasconcellos
832.**Cartas extraviadas** – Martha Medeiros
833.**A longa viagem de prazer** – J. J. Morosoli
834.**Receitas fáceis** – J. A. Pinheiro Machado
835(14).**Mais fatos & mitos** – Dr. Fernando Lucchese
836(15).**Boa viagem!** – Dr. Fernando Lucchese
837.**Aline: Finalmente nua!!! (4)** – Adão Iturrusgarai
838.**Mônica tem uma novidade!** – Mauricio de Sousa
839.**Cebolinha em apuros!** – Mauricio de Sousa
840.**Sócios no crime** – Agatha Christie
841.**Bocas do tempo** – Eduardo Galeano
842.**Orgulho e preconceito** – Jane Austen
843.**Impressionismo** – Dominique Lobstein
844.**Escrita chinesa** – Viviane Alleton
845.**Paris: uma história** – Yvan Combeau
846(15).**Van Gogh** – David Haziot
847.**Maigret e o corpo sem cabeça** – Simenon
848.**Portal do destino** – Agatha Christie

849. **O futuro de uma ilusão** – Freud
850. **O mal-estar na cultura** – Freud
851. **Maigret e o matador** – Simenon
852. **Maigret e o fantasma** – Simenon
853. **Um crime adormecido** – Agatha Christie
854. **Satori em Paris** – Jack Kerouac
855. **Medo e delírio em Las Vegas** – Hunter Thompson
856. **Um negócio fracassado e outros contos de humor** – Tchékhov
857. **Mônica está de férias!** – Mauricio de Sousa
858. **De quem é esse coelho?** – Mauricio de Sousa
859. **O burgomestre de Furnes** – Simenon
860. **O mistério Sittaford** – Agatha Christie
861. **Manhã transfigurada** – Luiz Antonio de Assis Brasil
862. **Alexandre, o Grande** – Pierre Briant
863. **Jesus** – Charles Perrot
864. **Islã** – Paul Balta
865. **Guerra da Secessão** – Farid Ameur
866. **Um rio que vem da Grécia** – Cláudio Moreno
867. **Maigret e os colegas americanos** – Simenon
868. **Assassinato na casa do pastor** – Agatha Christie
869. **Manual do líder** – Napoleão Bonaparte
870(16). **Billie Holiday** – Sylvia Fol
871. **Bidu arrasando!** – Mauricio de Sousa
872. **Desventuras em família** – Mauricio de Sousa
873. **Liberty Bar** – Simenon
874. **E no final a morte** – Agatha Christie
875. **Guia prático do Português correto – vol. 4** – Cláudio Moreno
876. **Dilbert (6)** – Scott Adams
877(17). **Leonardo da Vinci** – Sophie Chauveau
878. **Bella Toscana** – Frances Mayes
879. **A arte da ficção** – David Lodge
880. **Striptiras (4)** – Laerte
881. **Skrotinhos** – Angeli
882. **Depois do funeral** – Agatha Christie
883. **Radicci 7** – Iotti
884. **Walden** – H. D. Thoreau
885. **Lincoln** – Allen C. Guelzo
886. **Primeira Guerra Mundial** – Michael Howard
887. **A linha de sombra** – Joseph Conrad
888. **O amor é um cão dos diabos** – Bukowski
889. **Maigret sai em viagem** – Simenon
890. **Despertar: uma vida de Buda** – Jack Kerouac
891(18). **Albert Einstein** – Laurent Seksik
892. **Hell's Angels** – Hunter Thompson
893. **Ausência na primavera** – Agatha Christie
894. **Dilbert (7)** – Scott Adams
895. **Ao sul de lugar nenhum** – Bukowski
896. **Maquiavel** – Quentin Skinner
897. **Sócrates** – C.C.W. Taylor
898. **A casa do canal** – Simenon
899. **O Natal de Poirot** – Agatha Christie
900. **As veias abertas da América Latina** – Eduardo Galeano
901. **Snoopy: Sempre alerta! (10)** – Charles Schulz
902. **Chico Bento: Plantando confusão** – Mauricio de Sousa
903. **Penadinho: Quem é morto sempre aparece** – Mauricio de Sousa
904. **A vida sexual da mulher feia** – Claudia Tajes
905. **100 segredos de liquidificador** – José Antonio Pinheiro Machado
906. **Sexo muito prazer 2** – Laura Meyer da Silva
907. **Os nascimentos** – Eduardo Galeano
908. **As caras e as máscaras** – Eduardo Galeano
909. **O século do vento** – Eduardo Galeano
910. **Poirot perde uma cliente** – Agatha Christie
911. **Cérebro** – Michael O'Shea
912. **O escaravelho de ouro e outras histórias** – Edgar Allan Poe
913. **Piadas para sempre (4)** – Visconde da Casa Verde
914. **100 receitas de massas light** – Helena Tonetto
915(19). **Oscar Wilde** – Daniel Salvatore Schiffer
916. **Uma breve história do mundo** – H. G. Wells
917. **A Casa do Penhasco** – Agatha Christie
918. **Maigret e o finado sr. Gallet** – Simenon
919. **John M. Keynes** – Bernard Gazier
920(20). **Virginia Woolf** – Alexandra Lemasson
921. **Peter e Wendy** *seguido de* **Peter Pan em Kensington Gardens** – J. M. Barrie
922. **Aline: numas de colegial (5)** – Adão Iturrusgarai
923. **Uma dose mortal** – Agatha Christie
924. **Os trabalhos de Hércules** – Agatha Christie
925. **Maigret na escola** – Simenon
926. **Kant** – Roger Scruton
927. **A inocência do Padre Brown** – G.K. Chesterton
928. **Casa Velha** – Machado de Assis
929. **Marcas de nascença** – Nancy Huston
930. **Aulete de bolso**
931. **Hora Zero** – Agatha Christie
932. **Morte na Mesopotâmia** – Agatha Christie
933. **Um crime na Holanda** – Simenon
934. **Nem te conto, João** – Dalton Trevisan
935. **As aventuras de Huckleberry Finn** – Mark Twain
936(21). **Marilyn Monroe** – Anne Plantagenet
937. **China moderna** – Rana Mitter
938. **Dinossauros** – David Norman
939. **Louca por homem** – Claudia Tajes
940. **Amores de alto risco** – Walter Riso
941. **Jogo de damas** – David Coimbra
942. **Filha é filha** – Agatha Christie
943. **M ou N?** – Agatha Christie
944. **Maigret se defende** – Simenon
945. **Bidu: diversão em dobro!** – Mauricio de Sousa
946. **Fogo** – Anaïs Nin
947. **Rum: diário de um jornalista bêbado** – Hunter Thompson
948. **Persuasão** – Jane Austen
949. **Lágrimas na chuva** – Sergio Faraco
950. **Mulheres** – Bukowski
951. **Um pressentimento funesto** – Agatha Christie
952. **Cartas na mesa** – Agatha Christie
953. **Maigret em Vichy** – Simenon
954. **O lobo do mar** – Jack London
955. **Os gatos** – Patricia Highsmith
956. **Jesus** – Christiane Rancé
957. **História da medicina** – William Bynum
958. **O morro dos ventos uivantes** – Emily Brontë
959. **A filosofia na era trágica dos gregos** – Nietzsche
960. **Os treze problemas** – Agatha Christie
961. **A massagista japonesa** – Moacyr Scliar
962. **A taberna dos dois tostões** – Simenon
963. **Humor do miserê** – Nani
964. **Todo o mundo tem dúvida, inclusive você** – Édison Oliveira
965. **A dama do Bar Nevada** – Sergio Faraco